(JÜRGEN-) JULIA BRAUN

Die „Spirituelle Anarchistin
Trans Julia" auf YouTube.

(Unfreie) Arbeit ist Scheiße!

Schnauze voll!
Ich steige aus!

Wir pfeifen auf die Leistungsgesellschaft!
Befreiung vom Zwang und
ein gutes Leben ohne (unfreie) Arbeit.

novum ◢ pro

Dieses Buch ist auch als
e-book
erhältlich.

www.novumverlag.com

Bibliografische Information
der Deutschen Nationalbibliothek:

Die Deutsche Nationalbibliothek
verzeichnet diese Publikation in
der Deutschen Nationalbibliografie.
Detaillierte bibliografische Daten
sind im Internet über
http://www.d-nb.de abrufbar.

Gedruckt in der Europäischen Union
auf umweltfreundlichem, chlor- und
säurefrei gebleichtem Papier.

© 2022 novum Verlag

ISBN 978-3-99131-524-7
Lektorat: Leon Haußmann
Umschlagfotos: Igor Zakharevich,
Miceking | Dreamstime.com
Umschlaggestaltung, Layout & Satz:
novum Verlag

www.novumverlag.com

Climate neutral
Print product
ClimatePartner.com/16547-2201-1002

INHALTSVERZEICHNIS

Die Wahrheit – Unbequem, befreiend und radikal 7
Vorwort 9

Teil 1 – Die Kacke 17

1 Burnout 19
2 Mobbing am Arbeitsplatz und
   eine Geschichte aus der Arbeitshölle 25
3 Die deutsche Gesellschaft in
   der Germanenzeit im Vergleich zu heute 29
4 Arbeit, Geldgier und Müßiggang
   aus religiöser Sicht 35
5 Der (Sozial-) Darwinismus
   und der Versuch einer Übertragung
   auf die menschliche Gesellschaft 49
6 Der moderne Kapitalismus:
   Industrialisierung, Überproduktion
   und Finanzkrise 59
7 Die deutsche Gesellschaft seit Ende
   des 2. Weltkrieges bis heute 62
8 „Eloi und Morlocks" 66
9 Das Leben in der
   kapitalistischen „Leistungsmatrix" 69
10 Leiharbeit – die moderne Sklaverei 73

Teil 2 – Was wir gegen die Kacke tun können 75

11 Schnauze voll! – Ein Mann steigt aus! 77
12 Die ersten Schritte zum Ausstieg.
   Raus aus dem Hamsterrad! 82
13 Weg mit Versicherungen! 97
14 Aussteigermodelle und weitere Tipps,
   um von Arbeit loszukommen 101
15 Kurzes Kapitel: Ordnung und Sauberkeit.
   Kampf dem Putzteufel! 107
16 Kurzes Kapitel: höre auf zu kämpfen –
   lass dich treiben! 109

Teil 3 – Freiheit! Von Kacke befreit 113

17 Widerstand und Kritik am Kapitalismus,
   an Autos und an der Leistungsgesellschaft 115
18 Alternativen zum Kapitalismus und
   zur Leistungsgesellschaft 121
19 Kurzes Kapitel: warum Gewalt
   mit dem Müßiggang nicht vereinbar ist 128
20 Gedichte und Songtexte 130

Schlusswort 139
Der/die Autor/in 143

DIE WAHRHEIT
UNBEQUEM, BEFREIEND UND RADIKAL

Arbeit macht unfrei!
Der Slogan „Arbeit ist Scheiße" stammt ursprünglich von der
APPD = Anarchistische Pogo Partei Deutschlands. Dieser Wahl-
spruch der APPD diente mir als Inspiration für mein Buch.

Eine freundlich gleichgesinnte Anlehnung zum Inhalt der
Aussage „Arbeit ist Scheiße" besteht natürlich. Dank an APPD =
Anarchistische Pogo Partei Deutschlands. **Die altdeutsche
Schrift auf dem Cover ist als Satire zu verstehen, die sich
gerade gegen die Deutschtümelei von Fleiß, Ordnung und
Sauberkeit richtet und somit politisch nichts zu tun hat
mit politisch-rechtem Gedankengut!**

(Jürgen-) Julia Braun kämpft:
Für die Kraft der Herzen und gegen die Macht der Ellbogen!

„Die Muße ist die Schwester der Freiheit!"

Aristoteles

*„Die Dummen leben von der Arbeit
und die Klugen von den Dummen."*

Unbekannt

VORWORT

In der Antike galt Muße als Ideal. Sokrates beschrieb die Muße als „Schwester der Freiheit". „Arbeit und Tugend schließen einander aus", stellte Aristoteles fest, die Arbeit überließ man Sklaven und Ausländern. Vorbildlich lebte der Philosoph Diogenes, der angeblich in einem Fass dem reinen Müßiggang nachging. Als Alexander der Große ihn voll Mitleid nach seinen Wünschen fragte, soll Diogenes nur gesagt haben: „Geh mir aus der Sonne." Hätte es damals schon die Euro-Zone gegeben, wäre Griechenland wegen dieser Einstellung wohl rausgeflogen.

Weit ins Mittelalter hinein war die Faulheit/Muße nicht mal in deutschen Landen ein Makel, sondern ein Privileg, ein Lebensideal, ein Weg zur tieferen Erkenntnis, bei dem die Arbeit nur im Wege stand. Bettler schnorrten damals noch ohne Gitarrenbegleitung. Arbeit wurde nicht so wichtig genommen wie heute. Erst die Neuzeit brachte die Wende: Fortschrittsglaube und Industrialisierung machten den Faulenzer zum ungelittenen Parasiten. „Von Arbeit stirbt kein Mensch, aber vom Müßiggehen kommen die Leute um; denn der Mensch ist zum Arbeiten geboren wie der Vogel zum Fliegen", wetterte Martin Luther. Das Leben wurde zur heiligen Pflicht, Müßiggang zur Sünde. Arbeit stieg zur zentralen Größe auf. Sozialismus-Erfinder Karl Marx verklärte die Arbeit zum Zentrum der Menschwerdung und Weltendeutung.

Verrückt nach Arbeit
Im Märchen vergoldet Frau Holle die fleißige Bettenaufschüttlerin, über die Faule kippt sie Pech. Seit Hunderten Jahren wird uns eingetrichtert, dass das Glück den Fleißigen gehört. Kein Wunder, dass wir verrückt nach Arbeit wurden.

In der DDR galt Arbeitspflicht. Wer sich entzog, wurde als „asozial" gebrandmarkt und musste Gefängnis fürchten. Im vereinten Deutschland ernten Frauen schiefe Blicke, wenn sie „nur Hausfrau und Mutter" sind. Dauerarbeitslose werden in „Maßnahmen" berufsgestählt – eine teure und oft vergebliche Beschäftigungstherapie. Hauptsache, man tut was. Müßiggang ist aller Laster Anfang, sagt der Volksmund. Es gibt kein Recht auf Faulheit, sagte Ex-Kanzler Gerhard Schröder. Nichtstun ist uns höchst verdächtig. Ein Faulpelz hat nicht viel zu erwarten in unserer Gesellschaft, in der es üblich geworden ist, mit Stress anzugeben: Wer noch kein Burnout hatte, hat noch nie für etwas gebrannt.

Der Physiker und Publizist Ulrich Schnabel beschreibt darin die Ursachen der allgemeinen Zeitnot (fast sämtlich hausgemacht) und hat Tipps parat für alle, die dem Drang zum Immer-mehr und Immer-schneller widerstehen wollen.

(Zum Beispiel: am Sonntag alle Uhren in den Schrank packen.) Schnabels Credo: Im System der Gehetzten kommt man nicht umhin, auch die Muße zu planen. Das klingt schon wieder verdammt nach Arbeit.

(aus Spiegel Online Leistungsdruck: Ein Hoch auf die Faulheit 13.06.2012)

Ein kurzer Blick nach Großbritannien

Der britische Schriftsteller Tom Hodkinson schreibt in seinem Werk: **„Die Kunst, frei zu sein": Handbuch für ein schönes Leben**, wie in England nach der Machtübernahme der Puritaner im 16. Jahrhundert und der Arbeitszwangsmaßnahme für arbeitslose Arme die Melancholie in der gesamten britischen Gesellschaft stark zunahm. Es begann ein nuklearer Winter für den Müßiggänger. Muße konnten sich bald nur noch die ausbeuterischen Arbeitgeber leisten. Dies beweist eindeutig, dass Arbeitszwang krank macht. Die Verpflichtung, arbeiten zu müssen, führt zur Griesgrämigkeit und Depression. Die Menschen waren vor den Puritanern glücklicher, da man vor ihrer Zeit Arbeit nicht so wichtig nahm. Auch Tom Hodkinson berichtet von einer Vielzahl von Bettlern und Bettelmönchen im Mittelalter, denen gerne gegeben wurde.

„Faule"/Müßiggänger/Aussteiger wehrt euch, den „Fleißigen"/Arbeitswütigen/Workaholics gehört nicht das Leben allein! Es gibt ein Recht auf „Faulheit"/Müßiggang, denn: Menschen in der kapitalistischen Arbeitsmatrix sind wie Kühe, die immer mehr gemolken und ausgenommen werden. Und das in allen Bereichen: Als Steuerzahler, als Verbraucher, als Abhängige vom Gesundheitssystem, an der Zapfsäule, als Rentner, Hartz IV-Empfänger, ja sogar als Urlauber. In allen wichtigen Bereichen unserer Lebensfristung wird massiv gespart, und wir dürfen auch noch die Schäden bezahlen, die gierige Banker und Spekulanten angerichtet haben. Viele erfahren, dass sie für die Leistungen ihrer Arbeitskraft immer weniger erhalten. Doch der Leistungsdruck nimmt sogar noch zu! Allein die privaten Vermögen des reichsten Prozent der Bevölkerung sind so hoch wie alle öffentlichen Schulden in Deutschland zusammen. Auf der Suche nach renditeträchtigen Anlagemöglichkeiten heizen sie die Spekulation an den Finanzmärkten an und verschärfen die Krise.

Sie haben kein Bock mehr auf Arbeit? – Sie haben Recht! „(Unfreie) Arbeit ist Scheiße!"
Mit diesem provozierenden Titel möchte ich aufrütteln und aussprechen, was viele Menschen in der heutigen Arbeitswelt empfinden. Dieses Buch enthält viele Auszüge aus unabhängigen Quellen, um den Wahrheitsgehalt meiner Behauptungen über das „Frohe Schaffen" zu untermauern. Zudem verweise ich auf andere Buchautoren und berichte aus eigener Erfahrung. Du musst dir vorstellen, dass wir um der Arbeitsplätze willen sogar bereit sind, eine Unmenge an Waffen an die Dritte Welt zu verkaufen. Deutschland ist der drittgrößte Waffenexporteur!

Die Bundesrepublik liegt weltweit beim Export von Waffen nur hinter den USA und Russland. Damit Sie mal klarsehen:

Unsere vom Wirtschaftslobbyismus gekaufte Regierung unterstützt und verteidigt (statt ihn zu verbieten) den Waffenhandel, um Arbeitsplätze zu erhalten. Ich kann nur eins dazu sagen: DAS IST KRANK!!!

Arbeitsplätze und Wirtschaftswachstum um jeden Preis. Und wenn man dann einen Arbeitsplatz hat: Wo man hinkommt, wird man abgezockt. Abdrücken dürfen wir unser Geld von einem mickrigen Lohn, den wir oft unter widrigsten Arbeitsbedingungen (hoher Leistungsdruck, lange Arbeitszeiten, Schicht- und Wochenendarbeit, schwere gesundheitsgefährdende Arbeit, Umgang mit gefährlichen Stoffen usw.) verdienen; für Miete, Auto, Strom und Telefon. Arbeitslose Hartz IV-Empfänger werden mit Sanktionsterror so lange „gedrückt" und schikaniert, bis sie in völliger Demut jeden Job annehmen, sei er auch noch so prekär und unzumutbar. Alles wird begründet mit dem „Leistungsprinzip". Doch im gleichen Atemzug, werden Banken Europaweit gerettet (siehe Griechenland, Zypern etc.), mit dem harterarbeiteten Geld des fleißigen Steuerzahlers. Was für eine Heuchelei! Ich soll arbeiten und wohlhabende Bänker verzocken dann mein Geld und liegen dann die meiste Zeit „faul" in der Sonne (Ich bin nicht neidisch – soll mir ja recht sein), aber mir soll das gottgegebene Recht auf Müßiggang verwehrt bleiben? Finde ich ungerecht!

Wenn es zudem ein Recht auf Überarbeitung gibt (denn kaputtarbeiten will man ja auch keinem verbieten).

Wenn Leistung schlecht und/oder ungerecht bezahlt wird (siehe Managergehälter im Vergleich zur Bezahlung von Frisösen, Kassiererinnen etc. ... oder auch die ungleiche Bezahlung von Leiharbeitern).

Wenn viel zu viel Leistung verlangt wird und dies der Gesundheit schadet (Burnout), wenn man in der Arbeitswelt nicht mit Respekt behandelt wird (Mobbing), wenn durch den Industriekapitalismus ein Raubbau ohne Nachhaltigkeit an der Natur, an den Tieren (Massentierhaltung) und an den natürlichen Ressourcen der Welt begangen wird –, wenn also durch Überproduktionen eine immer größere Wertminderung von Menschen und Produkten entsteht, und somit die Allgemeinheit langfristig Schaden nimmt (jawohl!); dann gibt es nicht nur ein Recht, sondern ich wage sogar zu behaupten: Die Pflicht zur Faulheit, bzw. zur Befreiung aus der üblichen Lohnsklaverei, um das Unrechtssystem der Ausbeutung von Mensch, Tier und Natur zu Fall (in einem gigantischen Generalstreik aller Menschen) zu bringen.

Viva la Revolution!

Sind Sie es auch leid, immer denselben Trott zu gehen und dem Geld hinterherjagen wie ein Hamster im Hamsterrad? Einer Arbeit nachzugehen, die Ihnen keinen Spaß macht? Keinen Respekt zu erfahren und letztendlich nur ausgebeutet zu werden? Arbeiten – Zahlungen, Zahlungen – Arbeiten. In ständiger Abhängigkeit und mit Verlustängsten geplagt?

Somit ist eins schon mal klar: Müßiggang hat nichts mit Egoismus zu tun, sondern ist ein natürliches, gottgegebenes Menschenrecht!

Von irgendwas muss man leben, wirst du (Da ich auch speziell junge Menschen ansprechen möchte, erlaube ich mir ab hier, den Leser mit „du" anzusprechen) dir jetzt sicherlich denken. Aber braucht es wirklich mehrere Autos in einem Haushalt, wenn man in der Stadt wohnt? Wenn es doch selbst in Kleinstädten Busse und Bahnverbindungen gibt. Und was ist mit dem guten, alten Fahrrad, um nur ein Beispiel zu nennen? Ich selber praktiziere **Downshifting** („Das einfache Leben", Wikipedia) und bin eine spirituelle Anhängerin (mit starkem Bezug zum Urchristentum und Buddhismus) des Minimalismus und Müßiggang. Ich arbeite nur so viel, wie ich gerade zum Leben brauche und arbeite auch gelegentlich ehrenamtlich in der örtlichen Tafel. Update 2021: Ich bin in Rente und arbeite (frei und selbstbestimmt) an meinen Büchern. Ich arbeite zudem an meinen YouTube-Kanal namens „Spiritueller Anarchist". Update: „Spirituelle Anarchistin Trans Julia".

Ich habe weder Auto noch rauche ich, noch habe ich Versicherungen und zahle wenig Miete (die ich mit meiner Frau teile). Aber alles freiwillig! Ansonsten habe ich keine monatlichen Ausgaben, außer: Essen, Trinken und Kleidung. Die Sinnlosigkeit materieller Arbeit, die in diesem Buch beschrieben wird, schließt die ehrenamtlichen Arbeiten von Wohltätigkeitsorganisationen, Dienste am Menschen Rettungshelfer etc. und anderen sozialen Organisationen selbstverständlich aus. Auch das Helfen von Freunden und Bekannten bei z. B. Gartenarbeit, Wohnung streichen/Umzug etc. Dies ist etwas, das ich nicht unbedingt als Arbeit im üblichen Sinne bezeichnen würde, sondern eher als unentgeltliches Helfen. Ich denke, dies bräuchte eigentlich keiner besonderen Erwähnung und versteht sich von selbst. In meinem Buch geht es ja nicht darum, dass jede Tätigkeit an sich „Scheiße" ist, sondern, dass immer mehr Menschen Arbeit zu Recht als schlecht bzw. als „Scheiße" empfinden. Zumal z. B. der Freund oder Bekannte sich bei dir meldet und dich um Hilfe bittet, während du bei einem üblichen Arbeitgeber mit Bewerbungen und Vorstellungsgesprächen um einen Job betteln sollst. Wenn der Arbeitgeber dich dann einstellt, gehen nach einer gewissen Zeit die Schikanen und Zumutungen los. Warum tust du dir das an? Die Firmenchefs haben meist schon genügend Leute und picken sich aus dem Arbeitsmarkt nur noch die Rosinen raus. Dies erstmal vorweg.

Dieses Buch zeigt die Ursachen und Auswüchse des Kapitalismus, geht der Leistungslüge auf den Grund und weist Auswege aus Leistungszwang und Konsumterror. Es fordert auf zum schrittweisen Ausstieg, ohne dabei auf Lebensqualität verzichten zu müssen.

Wenn du natürlich an deinem Wohlstand, Luxus, teurem Auto hängst, oder mit übertriebenem Ehrgeiz hohe Lebensziele erreichen willst, kann dir dieses Buch leider auch nicht wirklich weiterhelfen. Ich könnte dir höchstens den Tipp geben, dein Glück beim Lotto zu versuchen. Jedoch kann ich keinem Bären helfen, der sagt: „Wasch mir den Pelz, aber mach mich nicht nass." Frage dich nicht, was du brauchst. Frage dich lieber, was du nicht brauchst. Bescheidenheit und sich trotzdem seine Wünsche erfüllen ist mein Kredo; das mich von einem unglücklichen, ängstlichen, hektischen Leben in Abhängigkeit zu einem glücklichen und gemütlichen Leben in Unabhängigkeit geführt hat. Dazu muss einem erst einmal bewusstwerden, dass nur Liebe und nicht Geld das glückstragende Element im Leben ist. Ich werde mein „Kredo" genauer erläutern und stelle dir verschiedene Aussteigermodelle, vom „kritischen Normalverbraucher" bis zum „Total-Aussteiger" vor. Es geht nicht darum, nichts mehr zu tun, sondern wie man mit weniger Geld und materiellen Dingen trotzdem glücklich werden kann. Verwiesen wird in meinem Werk der Befreiung auch auf andere Buchautoren wie z. B. Tom Hodkinson, Felix von Konradin (Asket Strategie) und Paul Larfarge. Wenn es ein Recht auf Überarbeitung gibt, dann muss es auch für das Individuum ein Menschenrecht auf Faulheit bzw. Müßiggang geben. Doch leider leben viele Leute in dem Glauben, dass Geld das Glück bringende Element ist. Dabei gibt es nur ein Glück bringendes Element: Nämlich die Liebe zu den Mitmenschen. Rufen wir auf zum Generalstreik, um mit weniger Arbeit und Konsumzwang ein besseres Leben zu führen.

Hab Mut und geh mit mir mit, auf einen genüsslichen, freudigen und moralisch vernünftigen Weg, zu persönlicher Freiheit und Einklang mit sich und der Welt. Mein Buch ist ein Warnschild für eine Leistungsgesellschaft, die sich im Arbeitswahn immer weiter wie ein getunter und ungekühlter Motor überhitzt. Eine Anwaltschaft für den Müßiggang und Anleitung für den stilvollen Ausstieg.

Was braucht ein Mensch, um glücklich zu sein?

In einem Hafen in Portugal liegt ein ärmlich gekleideter Mann in seinem Fischerboot. Er ruht sich aus und sieht den fliegenden Möwen zu.

Es ist Mittagszeit und ein Tourist nähert sich dem Boot. Er fragt den Fischer: „Hatten Sie einen guten Fang?"

„Ja", antwortet der Fischer, „ich hatte einen sehr guten Fang."

„Fahren Sie denn heute noch einmal zum Fischen raus?"

„Nein", entgegnet der Fischer, „ich habe genug für heute."

Der Tourist lässt nicht locker: „Aber wenn Sie ab heute nicht nur einmal am Tag, sondern zweimal oder dreimal ausfahren, dann könnten Sie einen großen Kutter kaufen, mit der Zeit eine kleine Flotte. Sie könnten Kühlhäuser bauen, später eine eigene Fischfabrik ..."

Der Fischer unterbricht die Begeisterung des Touristen:

„Aber was habe ich davon?" „Nun, Sie könnten Ihren Reichtum genießen. Sie könnten in der Sonne liegen und den Möwen zusehen."

Der Fischer sagt: *„Aber das mache ich ja jetzt schon."*

(nach einem Motiv von Heinrich Böll)

Leben, um zu arbeiten, oder arbeiten, um zu leben? Das sollten gerade wir Deutschen uns endlich wieder einmal fragen. „Ich arbeite nur so viel, wie ich zum Leben brauche."

Die Einstellung eines Menschen mit gesunden Selbstvertrauen. Doch Menschen mit Schuldkomplexen denken da anders: Sie glauben, nur wenn sie das Maximum an Leistung aus sich herauspressen, werden sie von der Gesellschaft akzeptiert. „Burnout" nimmt immer mehr zu.

https://www.sein.de/sinnlose-jobs-wie-arbeit-die-gesellschaft-krank-macht/

„Die Geizigen sind den Bienen zu vergleichen:
Sie arbeiten, als ob sie ewig leben würden."

Demokrit

TEIL 1

Die
Kacke

1 BURNOUT

Der gefährliche Karrierewahn

Das ungute Gefühl im Bauch steigt von Jahr zu Jahr: Beruflich kann das doch nicht alles gewesen sein. Klar, der Job ist nicht schlecht, das Arbeitsklima auch O.K. Manchmal nervt der Chef. Also alles nicht so wirklich schlimm. Oder doch? Und dennoch: Der Alltagstrott zerrt an den Nerven, die Routine reißt einen nicht mehr vom Hocker. Ein schaler Geschmack legt sich über die berufliche Wirklichkeit. Ach ja, die persönliche Karriere war eigentlich auch nicht schlecht. Irgendwie ist das aber schon vergessen. Eigentlich zu Unrecht, denn es war eine deutliche Statusverbesserung. Und das Konto bekommt seither monatlich auch einen kräftigen Schluck. Schleichend war das aber schon bald kein Thema mehr. Nur der Stress, der Leistungsdruck, die überbordende Verantwortung gruben sich immer tiefer in die Psyche ein.

Dass der Wunsch nach Beförderung genau in eine solche Leidensgeschichte münden kann, hat eine umfangreiche Studie der University of Melbourne belegt. Befragt hatten die Forscher 2681 australische Angestellte zwischen 18 und 64 Jahren. Eine der Kernerkenntnisse ist, dass die Aufstiegseuphorie höchstens drei Jahre andauert. Dann fällt der „Ausgezeichnete" wieder auf das Niveau vor dem Sprung nach oben zurück. Erfreulich: auf lange Sicht veränderten sich die körperliche Gesundheit und die Lebenszufriedenheit nicht. Salopp kann als Ergebnis der australischen Forschung festgehalten werden, dass der Kick nach oben häufig der Psyche einen Kick nach unten verpasst. Die Gründe dafür sind die gestiegenen Belastungen wie mehr Überstunden und die daraus entstehende Nervosität und Unruhe.

Reaktionen in Chat-Foren bestätigen dies: „Nach 13 Wochen in der Psychosomatik hatte ich vor neun Jahren eines wirklich gelernt: Für meine berufliche Karriere werde ich ganz sicher nie wieder meine seelische und körperliche Gesundheit opfern. Keine Gehaltserhöhung ist das wert", berichtet ein Betroffener. Quelle: Alarm durch „Fehlzeiten-Report" der AOK

Aufstieg bedeutet oft den Umstieg zu mehr Mobilität. Auch dies ist im Übermaß ein Gesundheitskiller. Denn wenn sich die zeitliche und räumliche Flexibilisierung der Arbeitswelt plötzlich zusammen mit mehr Verantwortung und ständiger Erreichbarkeit ausdehnen, dann werden schnell Belastbarkeitsgrenzen überschritten. Lange Anfahrtswege und wechselnde Arbeitsorte verursachen häufig insbesondere psychische Beschwerden. In einer repräsentativen Befragung hat dies das Wissenschaftliche Institut der AOK (WidO) für den jüngst veröffentlichten „Fehlzeiten-Report 2012" herausgefunden. Danach sind 40 Prozent der Berufstätigen zirkulär oder residenziell mobil. Sie sind Wochenendpendler oder pendeln täglich mindestens eine Stunde zur Arbeit. Für Arbeitnehmer kann eine solche Entgrenzung der Arbeit durchaus vorteilhaft sein, weil sie dadurch Arbeitslosigkeit vermeiden oder Aufstiegschancen an anderen Orten nutzen. „Im Grunde ist es gut für die Gesundheit, wenn Beschäftigte ihre Arbeit räumlich und zeitlich an die eigenen Bedürfnisse anpassen können. Aber diese Flexibilität braucht ihre Grenzen", unterstreicht Helmut Schröder, Herausgeber des Fehlzeiten-Reports und stellvertretender Geschäftsführer des WIdO.

Massives Indiz aber für die negativen Auswirkungen der Entgrenzung sind steigende Fehlzeiten. So haben die 7,5 Millionen bei der AOK versicherten Beschäftigten, wenn sie bis zu 30 km zur Arbeit fahren, 12 Millionen Fehltage. Der Grund sind psychische Erkrankungen. Tendenz steigend. „Hier gilt es, die Innovationen bei den modernen Kommunikationsmedien zu nutzen. So können Unternehmen und Beschäftigte Flexibilitätsanforderungen und gesundes Arbeiten besser miteinander in Einklang bringen", schlägt Altkanzler Schröder vor. Bei solchen Entwicklungen und Erkenntnissen sollten sich der Aufstiegsbereite, der Umsteigebereite, der Reduzierungswillige und -fähige genau überlegen, zu welchem Preis und mit welchen voraussichtlichen Folgen er Veränderungen für sich einkaufen kann. Weitreichendes Abwägen und eine pingelige Folgenanalyse sind sicherlich angeraten. Nur die Lust an der Veränderung ist ein schlechter Berater für die eigene Zukunftsplanung.

Offensichtlich gibt es im Leben vieler Menschen diese Schnittstelle, wenn die Seele nach einer Neuorientierung ruft. In der Verbindung von Berufs- und Privatleben passieren über Jahre Erosionen. Manches hat sich nicht so erfüllt, wie es mal gedacht und erhofft war. Manches ist geschafft, was neue Kräfte freisetzt. Manches stellt sich im neuen Lebensabschnitt anders dar, weil sich die Verhältnisse geändert haben. Eine Neuorientierung steht ins Haus. Statistiken geben Auskunft darüber, dass sich in dieser Zeit Scheidungen häufen, dass Menschen etwas ganz anderes beginnen, dass Menschen Jugend- oder sogar Lebensträume verwirklichen, das Ruder nochmals ganz umlegen.

Über 60 Prozent der Arbeitnehmer lieben ihren Job nicht!

Einen besonderen Drive bekommt diese Stimmung durch die demografische Entwicklung. Ja, wir werden älter. Segen und Belastung zugleich. Denn vor dem Hintergrund einer längeren Wartezeit auf die Rente, der Gefahr einer durch die Gesellschaft wabernden Altersarmut müssen wir aus eigenem Antrieb Alternativen für die zweite Halbzeit des Lebens entwickeln. Leichter gesagt als getan. Natürlich ist es als 50-Jähriger schwer, einen neuen Job zu finden und dann noch finanziell gut aufgestellt zu bleiben. Dennoch ist es lohnenswert, auf allgemeine Ratschläge von Personalberatern zu schauen. Die hierbei häufig vermittelten Grundraster lassen sich mit aller Vorsicht und Zurückhaltung auch – teilweise in abgewandelter Form – auf eine Neuorientierung um die 50 übertragen. Über allem aber muss in dieser sensiblen Lebenssituation stehen: Keine Leichtfertigkeit. Schließlich geht es um etwas, um die Zukunft des eigenen Lebens.

„Man sollte nie so viel zu tun haben,
dass man zum Nachdenken keine Zeit mehr hat."

Georg Christoph Lichtenberg

Leistung muss sich wieder lohnen: Witzig ist, dass gerade diese Aussage vom FDP-Vorsitzenden Guido Westerwelle kommt. Dabei ist es doch gerade seit je her das Anliegen der Gewerkschaften, dass man für gute Arbeit einen guten Lohn bekommt. Lohnt sich Leistung für einen Leiharbeiter, der bei gleicher Leistung weniger Geld bekommt als sein festangestellter Kollege? Lohnt sich Leistung für die ganzen Geringverdiener: Frisösen, Verkäuferinnen und gerade jetzt aktuell die Schleckerfrauen? Die Lohnungerechtigkeit wird oft verteidigt, in dem gesagt wird, dass die Spitzenverdiener mehr Verantwortung hätten und deshalb mehr verdienen müssten. Wenn das stimmt, müssten Rettungskräfte und Pflegekräfte das Fünffache ihres jetzigen Gehalts verdienen, denn ihre Verantwortung steht für Menschenleben. Doch die Realität sieht, wie wir wissen, anders aus.

Nein! Gehalt und Leistung stehen schon lange nicht mehr im Verhältnis!

Aber wie soll man helfen, wenn sich Menschen durch falschen Ehrgeiz und im Glauben, man ist nur etwas wert, wenn man Leistung bringt, kapputarbeiten wollen? **Wenn es viele Arbeitssuchende gibt auf dem Arbeitsmarkt, so sinkt zwangsläufig der Wert des Arbeitnehmers.** Da ist doch genau das Problem: Warum überhaupt Arbeit suchen?!

Doch leider gibt es sogar besonders irre Menschen, die Arbeiten, obwohl sie gar nicht müssten (ehrenamtliche Arbeiten von Wohltätigkeitsorganisationen selbstverständlich ausgeschlossen), wie z. B. Rentner und Hausfrauen.

Leider sind immer noch viele Arbeitnehmer durch mediale Gehirnwäsche von dem Irrglauben befallen, es würde etwas bringen, Arbeitslosen weniger Geld zu zahlen und sie schnellstmöglich wieder in Arbeit zu peitschen. Auch die Wiedereinführung der Arbeitsdienstpflicht wird von den Arbeitsfaschisten in die politische Diskussion eingebracht. Und das, ohne zu wissen, dass es diese im Prinzip schon gibt und gerade wir in Deutschland haben doch mit Zwangsarbeit und „Arbeit macht frei" früher schon schlechte Erfahrungen gemacht. Trotzdem wird immer noch so getan, als seien die Arbeitslosen „juwelenbehangene Faulenzer", die nur Kosten verursachen. Stichwort: „Spätrömische Dekadenz".

Unter anderem führte auch diese Fehlhaltung zur Arbeitsmarktreform Agenda 2010 von Gerhard Schröder und Peter Hartz. Die Arbeitsmarktreform, in der man den Stammtischparolen und der Bildzeitungshetze nachgab: Ein schwarzer Tag nicht nur für „Faulenzer". Denn die Löhne der Arbeitnehmer wurden weiter gedrückt und nirgendwo auf der Welt werden nun mehr unbezahlte Überstunden geleistet als in Deutschenland. Die Schere zwischen Arm und Reich klafft nirgendwo schneller auseinander als in Deutschland! Unsere Regierenden machen alles, um die Angst vor dem Jobverlust noch zu verstärken, wodurch die Arbeitnehmer immer mehr von ihren Arbeitsherren und vom Staat erpressbar werden.

„Wenn Sie nicht tun, was ich will, dann sind Sie halt wieder Hartz IV-Empfänger!" Dies hat mal mein ehemaliger Chef einer Zeitarbeitsfirma zu uns Mitarbeitern gesagt. Das bedeutet, dass durch die Arbeitsmarktreform Agenda 2010 nur die Macht der Unternehmer auf der einen Seite und die Angst und die Erpressbarkeit der Arbeiter auf der anderen stark gestiegen ist. Auch nehmen immer mehr Arbeitnehmer Suchtmittel und Medikamente, um den Arbeitsstress zu bewältigen. Leistungssteigernde Substanzen und besonders Gehirndoping kommen laut dem „Fehlzeiten Report-2013" der AOK bei Arbeitnehmern immer mehr in Mode. Allein die Kosten von Alkohol und Tabaksucht belasten die deutsche Wirtschaft jährlich mit 60,25 Milliarden Euro. Die Arbeitsunfähigkeitstage stiegen innerhalb von 10 Jahren um rund 17 %. Das sind von 2,07 Mill. 2002 auf 2,42 Mill. Tage im Jahr 2012, Tendenz steigend.

All dies zahlen die Leute als Preis für einen Wohlstand, der auch noch ungerecht verteilt ist und Klapsmühlen füllen lässt.

Und gerade in den reichen Wohlstandsländern des Westens ist die Zahl der Menschen mit psychischen Erkrankungen hoch. Und wenn der Körper nicht mehr hergibt, was der Chef oder Chefin fordert, dann müssen eben leistungssteigernde Mittel helfen. Immer mehr Leistung und immer mehr Drogen.

Ich hoffe, dass dieses System des immer weiter, immer höher, immer mehr irgendwann vollständig kollabiert. Die Menschen wachen wohl erst auf, wenn eine ganze Generation ins Burnout fällt.

Was bedeutet eigentlich das Wort „Fleiß"?
Das Wort Fleiß kommt aus dem germanischen und bedeutet „Streit" bzw. „Kampfeseifer", bezogen auf militärische Auseinandersetzungen. Später wurde mit dem Begriff Fleiß die Leistungsbereitschaft im zivilen Leben bezeichnet (siehe Lexikon). Der vom parasitär raffgierigem Kapitalismus allzeit gelobte „Fleiß" ist allerdings nichts weiter als eine große, selbstzerstörerische Dummheit.

„Der Computer arbeitet deshalb
so schnell, weil er nicht denkt."

Gabriel Laub

2 MOBBING AM ARBEITSPLATZ UND EINE GESCHICHTE AUS DER ARBEITSHÖLLE

Statt sich zu solidarisieren, was die Arbeitgeber fürchten würden wie der Teufel das Weihwasser, bemerke ich in vielen Arbeitsstellen eine starke Selbstzerfleischung der Arbeitnehmerschaft. Mobbing scheint in der heutigen Zeit gang und gäbe zu sein. Warum sind die Menschen nur so vom Geld verblendet, dass die Kraft der Ellenbogen die Kraft der Herzen verdrängt zu haben scheint? Vom Konkurrenzkampf, der in der Hühnerhackordnung der Arbeitnehmer vorgeht, profitieren doch eh nur die Arbeitgeber. Gewerkschaften haben dem leider nur sehr wenig entgegenzusetzen. Die Mitgliederzahlen der Arbeitnehmervertretungen schwinden und somit auch ihre Macht.

Natürlich spiegeln diese mobbigen Zeitgenossen auch unsere eigenen Ängste wider, den Job zu verlieren. Doch diese Angst wird immer wieder aufs Neue befeuert: Durch z. B. Hartz IV-Arbeitsmarktreformen, mit denen die Arbeitnehmer immer mehr erpressbar gemacht werden. Arbeit wird zur Arbeitshölle. Viele zahlen einen hohen Preis für einen schlecht bezahlten Arbeitsplatz.

Die Horrorfirma K.
Es gibt echt Firmen, die können als moderne Konzentrationslager betrachtet werden. Mit dem Unterschied, dass viele freiwillig zu diesen KZs hingehen und sich die laufenden Zumutungen für ein paar Kröten antun. Eins der schlimmsten Arbeitserlebnisse, die ich hatte, musste ich als Gebäudereiniger (Fensterputzer, Glaser) in der Firma K. erleben:

Der Leistungswahn war in dieser Firma geradezu mörderisch. Und das im wahrsten Sinne des Wortes.

Das Unheil, das über mich kam, ahnte ich nicht, als ich die Stellenanzeige „Reiniger" in der Zeitung fand. Ich war voller

Elan und positiv auf diese Stelle. Damals glaubte ich noch an die Leistungslüge, dass man sich nur anstrengen müsste, um alles im Leben zu erreichen. Als ich die Stelle antrat und zu arbeiten begann, schien alles noch in Ordnung zu sein. Ein freundlicher, aber ruhiger Kollege zeigte mir mit wenigen Worten die Arbeitsutensilien (Putzeimer, Lappen etc.) und erklärte mir mit noch weniger Worten, was zu tun war: Putzen, Putzen, Putzen. Zuerst kam ein Toilettenwagen einer Baufirma dran. „Kloputzen". Aber gut, das war mir am Anfang klar, als ich mich beworben habe. Ich bemühte mich, mit Ehrgeiz die Arbeit gut zu machen und bemerkte gleich, dass die Arbeit sehr anstrengend war. Aber ich wollte mich durchbeißen. Um nicht am Ende schlapp zu machen, versuchte ich, nicht ganz so schnell zu arbeiten, um meine Energie einzuteilen. Doch meine Arbeitsweise war trotzdem kontinuierlich und zügig. Als ich mit der Arbeit fertig war und mein T-Shirt durchgeschwitzt, quittierte mein Kollege die vollbrachte Arbeit mit einem kurzen, wortlosen Nicken seines Kopfes. Dies war alles, was ich in dieser Firma zu erwarten hatte: Ein wortloses Nicken als Feststellung meiner Arbeitsleistung. Von Anerkennung kann keine Rede sein: „Lob ist, wenn ich dich nicht schimpfe", heißt es zumindest in der schwäbischen Arbeitswelt. Doch noch ahnte ich nicht, was noch auf mich zukommen sollte. Als nächstes mussten wir eine Firma putzen. Rohre putzen in großer Höhe. Der Staub setzte sich in meinen Lungen fest. Nach vielen Stunden, endlich Feierabend! Ich war völlig geschafft! Die nächsten Tage waren allein dieser Firma gewidmet mit den staubigen Rohren. Nach einigen Tagen bekam ich den ersten schockierenden „Nackenschlag": Der Kollege, der nun mit mir zur Arbeit loszog, war schon weniger freundlich, als wir mit dem Kombi der Firma an einen Kindergarten fuhren. Der „Mitarbeiter" fuhr mich in einem unfreundlichen Befehlston an: „Den ganzen Kindergarten kehren, und in einer Stunde bist du fertig!"

Alle geteerten Flächen musste ich mit einem Besen vom Laub der Bäume befreien (es war schon Herbst). Eine Stunde? Wie sollte ich das schaffen? Der Kindergarten war sehr groß. Ich war verärgert und verwirrt, was habe ich dem Kollegen getan? Soll ich mir das gefallen lassen? Wenn ja, schikaniert er mich dann bis ins hohe Rentenalter? Was soll ich tun? Nach einer Stunde kam der unfreundliche Kollege zurück. Ich war noch nicht ganz fertig und da kam schon der nächste „Nackenschlag": „Du bist ja noch gar nicht fertig, ich mach das in der Hälfte der Zeit!", prahlte er in einem lauten Ton. Die nächsten Tage musste ich bei Wind und Wetter draußen Fenster putzen und oft in großer Höhe. So durfte ich auch einmal das 3-stöckige Gebäude der eigenen Firma putzen und wäre beinahe heruntergestürzt! Keine Sicherheitsgurte, keine Einweisung – nichts! Ein Kollege machte mir große Angst, in dem er mir erzählte, dass jeder Arbeiter, der von der Leiter stürzt, selber schuld sei. Derjenige habe dann eben nicht aufgepasst. Dies habe der Chef verkündet. Ich wäre bei vielen der Höhen, die ich als Fensterputzer in dieser Firma bewältigen, musste tot gewesen (bis 10 Meter Höhe!), wenn ich gefallen wäre. So viel Herzlosigkeit seitens der Geschäftsführung machte mich fassungslos! Aber was sollte ich tun? Damals war ich noch gefangen in der Vorstellung des Leistungszwangs, arbeiten zu müssen.

Irgendwann hat diese Mörderfirma mich dann doch gekündigt – Gott sei Dank! Dies ist nur ein Beispiel, mit welchen Zumutungen ein Arbeitnehmer oft überschüttet wird. Zumutungen, die mit schweren Verletzungen, oder sogar tödlich enden können. Anscheinend haben die Arbeitgeber zu viele Arbeitnehmer, wodurch sie deren Wert geringschätzen. Deswegen sollte doch jeder bestrebt sein, sich aus der Lohnsklaverei zu befreien und wenn man irgendeine Möglichkeit hat, dies auch tun. Es liegt doch nahe: Sollen doch die ausbeuterischen Arbeitgeber mitsamt ihren mobbigen Arbeitern ihren Mist, sprich Arbeit, alleine machen. Alternativ können sie auch ihre Arbeitsplätze mit humanoiden Robotern besetzen. Der schädliche Konkurrenzkampf Jeder gegen Jeden und alle gegen den „Neuen" wird in der Firma K. und wie auch in vielen anderen Firmen ad absurdum geführt. **Ich hätte um ein Haar mit meinem Leben bezahlt!**

Ab da an war mein Verständnis für Menschen, die nicht mehr arbeiten wollten, im Übermaß gestiegen. Ich war ein Soldat in einem Krieg, der nur noch den Wunsch verspürte, zu desertieren. Den Begriff Jobdeserteur finde ich sehr passend und werde den Begriff noch weitere Male in diesem Buch anwenden.

Das Schreiben eines eigenen Buches über dieses Thema, dieses Kapitel, behalte ich mir vor, da es noch viel über Mobbing zu schreiben gäbe.

Tipp: Du kannst auch einen Anwalt zu Rate ziehen und rechtliche Schritte gegen den Arbeitgeber/Kollegen einleiten. Mobbing gilt laut STGB § 186 als üble Nachrede.

Du kannst auch deinen Ex-Arbeitgeber bewerten z. B. bei Kanunu.de. Allerdings solltest du dich mit Bezeichnungen wie „Drecksladen" und anderen Beleidigungen zurückhalten, auch wenn sie der Wahrheit entsprechen. Dies weiß ich aus eigner Erfahrung.

Mann mit zugeknöpften Taschen,
dir tut niemand was zulieb.
Hand wird nur von Hand gewaschen.
Wenn du nehmen willst, so gib!

Johann Wolfgang von Goethe
deutscher Dichter

„Er schliff immer an sich und wurde
am Ende stumpf, ehe er scharf war."

Georg Christoph Lichtenberg

3 DIE DEUTSCHE GESELLSCHAFT IN DER GERMANENZEIT IM VERGLEICH ZU HEUTE

„Die Deutschen" waren in der Germanenzeit mal ganz anders, so berichtete es der römische Historiker Tacitus 100 n. Chr.:
Die ungestümen Kerle gefielen sich vor allen in der Rolle des Kriegers. Ackerbau, Viehzucht und Handwerksarbeiten schätzten sie nicht. Die Sorge für Haus, Hof und Feld blieb den Frauen, Alten und allen Schwachen überlassen. Arbeit war nicht mehr als notwendiges Übel und verpönt. Nur etwas für Sklaven und Kriegsgefangene. Während jeder junge Germane nach einem Leben als Krieger oder Abenteurer strebte. Dem Trunk und dem Würfelspiel verfallen waren die Vorfahren der Deutschen, wie es der römische Historiker Tacitus 100 n. Chr. berichtete. Keine Verherrlichung der Arbeit, wie es in der heutigen deutschen Leistungsgesellschaft der Fall ist.

Denn wenn man den historischen Überlieferungen glaubt, war es sogar umgekehrt. Ich möchte in meinem Buch selbstverständlich nicht das germanische Kriegertum verherrlichen, aber zum Teil sind die heutigen Arbeiter auch in gewisser Weise Krieger im negativen Sinne. Nämlich in einem Sinne sich konkurrierenden (jeder gegen jeden), eisig hartem Kampf um den miesen Arbeitsplatz. Dies möchte ich später noch genauer erläutern. Heute weiß man, dass im Vergleich zum modernen Deutschen, die germanischen Vorfahren echte „Faulenzer" waren. Gerade im Winter ging es eher gemütlich zu: Meistes versammelte man sich Geschichten erzählend am Lagerfeuer und trank Met. Geil!!! Natürlich wurde auch das Kämpfen trainiert und auch die Germanen trieben Handel. Die Germanen lebten von der Natur und waren Selbstversorger. Alles ging seinen gemächlichen Gang. Dies änderte sich ein kleinwenig, als der Kontakt mit den Römern entstand und die Germanen zum Kauf von schönen Kleidern, Schmuck und anderen unnützen Dingen verleitet wurden. Um sich die glänzenden Dinge der Römer leisten zu können, brauchten unsere Vorfahren eins: Geld. Und was musste man tun, um mehr Geld zu erlangen? Es gab nur die Möglichkeit, etwas mehr zu arbeiten, oder man schlug einfach dem Nachbarn den Schädel ein und raubte ihn aus. Ähnliches war auch bei den Naturvölkern in Südamerika (Indios) und Afrika (Buchmänner etc.) zu beobachten, nachdem sie mit Geld in Kontakt gekommen waren.

Die germanische Vertreibung aus dem Paradies begann mit dem Einzug des römischen Frühkapitalismus. Es ist anzunehmen, dass dies auch Teil der römischen Strategie war: die Barbaren unter Kontrolle zu bekommen. Einige Kriegsherren erkannten die Gefahr. Aber ein Verbot des Handels mit den Römern, verhängt von einzelnen germanischen Fürsten, verfehlte jedoch seine Wirkung. Beim großen Aufstand der Germanen unter Arminius 9 n. Chr. wurde dann das große römische Handelszentrum Waldgirmes in Brand gesteckt und der Handel mit den Römern war vorerst unterbunden.

Wir sollten versuchen, wieder mehr wie die naturverbundenen, alten Germanen oder wie der im ersten Kapitel bescheidene italienische Fischer zu werden. Schließlich können wir nichts von unseren Reichtümern, an die wir uns so klammern, mitnehmen, wenn wir mal sterben müssen. Mit weniger glücklich und zufrieden sein, für ein Leben in Harmonie. Dafür war die Zeit damals kriegerischer, und wenn heute die Menschen an Überarbeitung sterben, so starben sie früher auf dem Schlachtfeld, werden meine Gegner jetzt bestimmt argumentieren. Der moderne Mensch sollte aber seine Nase gegenüber unseren Vorfahren nicht zu hoch tragen. Schließlich stehen heute auch wieder Bundeswehrsoldaten im Kampfeinsatz in Afghanistan, und auch in anderen Krisenregionen machen die Krieger von heute einen gefährlichen Job. Was die Streitlust der Berserker untereinander angeht, steht der moderne Deutsche seinen Vorfahren in nichts nach (siehe nur die Nachbarschaftsstreitigkeiten).

Auch weiß man, dass Steinzeitmenschen nur drei Stunden am Tag gearbeitet haben, und wie sieht es heute aus? Trotz Fortschritt des Menschen?

Vollzeit: Mindestens acht Stunden und aufwärts! Der Fortschritt der Menschheit sollte endlich dazu eingesetzt werden, um allen Menschen ein Leben in Muße zu ermöglichen. Und dies bei vollem Lohnausgleich bzw. durch ein bedingungsloses Grundeinkommen.

Zum Beispiel durch die Ersetzung menschlicher Arbeitskraft durch **humanoide Roboter**. Dazu noch mehr im Kapitel: Alternativen zum Kapitalismus und zur Leistungsgesellschaft.

Conan der Barbar

„Conan der Barbar", ein Action-Fantasy Abenteuer mit Arnold Schwarzenegger aus dem Jahr 1986.

Die Geschichte kann als Metapher für einen Freiheitskämpfer angesehen werden (wie auch z. B. der Schotte William Wallace im Mittelalter) und auch als Vorbild dienen für unser heutiges Leben. Die Handlung und das Aussehen des Helden lassen vermuten, dass Conan einen frühzeitlichen Germanen oder Kelten spielt. Conans Dorf in der Anfangsszene, das von dem düsteren Schlangenkult überfallen wird, könnte sehr gut ein frühantikes, germanisches oder keltisches Dorf sein.

Conan der Cimmerier. Der Name Cimmerier klingt nach einem antiken, keltischen oder germanischen Volksstamm in der Zeit vor oder während des Aufstieges des Römischen Reiches. Ich denke da zum Beispiel an die Kimbern (und Teutonen). Eine fiktive Figur, dessen Vorlage ein frühantiker Held sein könnte.

Conan arbeitete nicht mehr. Nach seiner Befreiung aus der Sklaverei lebte er wohl von der Jagd, vom Betteln und/oder von diversen Aufträgen, wie z. B. dem Befreien einer Königstochter. Im 2. Teil der Trilogie, *„Conan der Zerstörer"*, ist sogar am Anfang des Films vom Bestehlen der Händler die Rede! Kurzum, der Held und Frauenschwarm Conan hat nicht gearbeitet und wäre aus heutiger Sicht so etwas wie ein obdachloser Vagabund, Aussteiger, Kriegsveteran, Gelegenheitssöldner, „Tagedieb" oder auch ein richtiger Dieb.

Doch wie sieht es heute aus? Der gehässige, neidische Leistungsmensch von heute findet jedoch keine Ruhe und hetzt gegen sogenannte „Schmarotzer".

Unzufrieden über seine eigene Lebenslage, sucht sich der Leistungsgläubige Zielgruppen, an denen er seinen Frust auslassen kann: „Die oder der lebt auf meine/unsere Kosten!"

Glaubt dieser verhetzte und neidischen Menschenschlag ernsthaft, dass Geld, das man einem Arbeitslosen Menschen nehmen würde, durch z. B: eine rigorosere Sanktionspolitik, bzw. völligem Wegfall der Hilfen, bei Ihnen auf dem Konto ankommt?! Glauben die das wirklich?! Das passiert natürlich nicht, denn der Staat würde die paar Kröten, die er den Armen nehmen würde, für andere sinnlose Projekte ausgeben. Mit Sicherheit würde er das Geld nicht auf alle Arbeitenden Personen umlegen. Zumindest hätte die Gesellschaft schon mal mit mehr Kriminalität zu kämpfen. Siehe Länder wie die USA etc.

Durch die Agenda-Politik von Gerhard Schröder hatten die Arbeiter weniger in der Tasche und die Macht der Arbeitgeber wuchs durch höhere Erpressbarkeit und Angst der Arbeitnehmer. Dies weiß ich unter anderem aus eigener Erfahrung, da ich in dieser Zeit gearbeitet hatte. Später war ich auch mal kurzeitig arbeitslos und habe dann wieder gearbeitet. Anfang der 90-er Jahre waren es aus Sicht der Hetzer/innen die „faulen (Schein-) Asylanten", die dem armen „deutschen Arbeitstier" auf der Tasche lagen. Nach einer großen Hetzkampagne, angeführt von rechtsradikalen Parteien und nach den ausländerfeindlichen Pogromen in Rostock und Hoyerswerda, wurden die Asylgesetze massiv verschärft. Die Zuwanderung wurde gedrosselt und Asylanten waren somit bald nicht mehr das große Thema. Doch schon bald kamen die nächsten Schmarotzer auf die Tagesordnung: „Die faulen Arbeitslosen!" Eine großangelegte Hetzkampagne der Bildzeitung brachte die arbeitenden „Fleißmenschen" gegen die vermeintlichen „faulen Arbeitslosen", die angeblich das Sozialsystem ausplünderten, auf. Die Stammtischbrüder des Leistungszwangs wurden lauter. Dass das Geschrei der Bildzeitungsverblödeten und Verarschten nach Schröders Agenda-Reform und der Einführung von Hartz IV verstummen würde, erwies sich als frommer Wunsch: Es brauchte nicht lange und die Bildzeitung konnte auch noch Hartz IV-Empfänger aus dem Hut zaubern, die als „Juwelenbehangene Abzocker" des Sozialsystems präsentiert werden konnten:

Arno Dübel, „Deutschlands frechster Arbeitsloser"
(Bild Artikel vom 06.08.2012) war schon bald in aller Munde. Somit dreht sich das Rad der menschlichen Selbstzerfleischung immer weiter und weiter. Und statt den ausbeuterischen Arbeitgebern und Bänkern den sprichwörtlichen „Kragen umzudrehen", geht der kapitalistische Arbeitermob, gesteuert durch Medienmanipulation, auf den los, der keine „Lobby" hat: Ausländer, Arbeitslose, Behinderte etc.

Ein materieller Vorteil ist den Arbeitern durch die Agenda-Reform nicht entstanden. Im Gegenteil (wie schon im Kapitel Burnout beschrieben):

Durch die Nemesis ihres dummen Neids und Verblendung ist das Lohnniveau der Arbeiter in vielen Bereichen seit der Agenda-Reform stetig gesunken und die Ausbreitung der Leiharbeit machte die Arbeitswelt immer prekärer und unsicherer. Der Arbeiter wie auch der Arbeitssuchende wird allein schon durch den Fortschritt und durch die Erfindung neuer Maschinen immer wertloser. Man könnte auch sagen, inflationärer für die „freie" Wirtschaft. Neue Maschinen und humanoide Roboter ersetzen immer mehr menschliche Arbeitskraft.

Somit ist Arbeitslosigkeit ein natürlicher Prozess des technischen Wandels.

Die Zahl der Obdachlosen steigt immer mehr an und viele fragen sich:

Wer kommt als nächstes dran? Selbst bei einer rigorosen Einführung der Arbeitsdienstpflicht wären die „manipulativen Neider" immer noch nicht zufrieden. Sie würden suchen, wer noch der Gesellschaft kostet und würden wahrscheinlich, wie schon im Dritten Reich, bei Behinderten, Alten und Kranken fündig werden.

Der Antisemitismus, im Mittelalter noch eher religiös motiviert, wurde im Zuge der Industrialisierung zu einem willkommenen Mittel des kapitalistischen Konkurrenzstrebens zur Ausschaltung der jüdischen Konkurrenz.

„Der Jude", ein willkommener Sündenbock, wenn im Kapitalismus die Dinge buchstäblich aus dem Ruder liefen. Antisemitische Pogrome waren oft das Ergebnis durch Kapitalismus ausgelöster Krisen und der religiöse Antijudaismus nur noch eine beiläufige Komponente. Siehe Hep-Hep-Unruhen 1819 in Süddeutschland. Besonders dann, wenn der Kapitalismus buchstäblich an die Wand fährt und die Welt durch Krisen und Kriege erschüttert, wird Hass geschürt und Menschengruppen werden gegenseitig ausgespielt. Wer stoppt bloß den neidischen Hass und herzlosen Wahn der Geldverliebtheit und der übertriebenen Arbeitsmoral?! Diese schäbige Denkweise: „Lebt auf unsere Kosten ..." muss endlich raus aus den Köpfen der Leute! Wir leben alle in der universellen Fülle, wenn wir die Fülle großzügig weitergeben. Nur wer Großzügigkeit gibt, der kann auch Großzügigkeit erwarten. Eine Philosophie, die so von allen Weltreligionen und spirituellen Bewegungen gelehrt und anerkannt wird.

„Nichtstun ist besser als
mit viel Mühe nichts schaffen."

Laotse

„Die zehn Gebote enthalten
kein Gebot zu arbeiten, aber ein Gebot,
von der Arbeit zu ruhen.
Das ist eine Umkehrung von dem,
was wir zu denken gewohnt sind."

Dietrich Bonhoeffer

4 ARBEIT, GELDGIER UND MÜSSIGGANG AUS RELIGIÖSER SICHT

Vielleicht fragst sich so mancher Leser: Was ist genau meine Religion? Habe ich überhaupt eine? Wenn mich jemand fragt, welcher Religion ich angehöre, so antworte ich: Ich bin spirituell und Anhänger des Weltethos. Ich selber bin Anhänger einiger Thesen von Hans Böhm, Girolamo Savonarola, Thomas Münzer, Rudi Dutschke und Hans Küng (Weltethos).

Die drei erstgennannten starben als Märtyrer für ihren Glauben, gekreuzigt von den Neo-Pharisäern der katholischen Kirche. Rudi Dutschke an den Folgen eines Attentates. Herz Jesu, Herz des Hans Böhm, Girolamo Savonarola, Thomas Münzer und Rudi Dutschke.

Besonders interessant finde ich den Buddhismus. Mit dem Islam werde ich mich künftig noch näher beschäftigen. Ich denke, dass jede Religion Schlechtes wie auch Gutes beinhaltet. Wir sollten von allen Religionen lernen.

In meinem Buch jedoch gehe ich speziell auf das Christentum ein, da diese Religion unsere Kultur hier in Europa am meisten geprägt hat und die meisten hier zu Lande in Deutschland Christen sind.

Wenn ich mit Christen über das Thema Arbeit spreche, so verweisen diese auf die Bibel, worin steht:

> *„... und im Schweiße deines Angesichts*
> *sollst Du Dein Brot essen."*

1. Mose – Kapitel 3, Vers. 19.

Auch ich habe die Bibel gelesen und möchte entgegenhalten, dass Gottes Verdammung des Menschen zur Arbeit ein Ergebnis des Sündenfalls von Adam und Eva war. Somit muss ja dann die Arbeit zuerst mal als Strafe Gottes für unsere Sünden angesehen werden. Jeder Mensch wird erst mal mit diesem Unheils- Zusammenhang geboren, so wird behauptet. Doch dieser Behauptung steht entgegen, dass der Mensch durch Gottes unendliche Liebe und Gnade die Folge der Ursünde überwindet, die durch die Erlösung mit Jesus Christus besteht. Nämlich allein durch die Taufe. In der Taufe wird uns die Erlösung geschenkt. Die Trennung von Gott, die durch die Ursünde entstanden ist, wird aufgehoben und die Tür zum Paradies ist wieder geöffnet. Anders würde ja auch eine Überwindung der Sünden keinen Sinn machen, da es für ein Gott gefälliges Leben keinen Lohn im Himmel gäbe. Was ist mit dem frommen Mensch, der sich ehrlich und aufrichtig an Gottes Gebote hält und sein Leben nach ihnen ausrichtet?

Kann es nicht sein, dass ein/e liebender/liebende Gottvater-Mutter seine/ihre Kinder von der Erbschuld befreit? Die Antwort ist, wenn man sich mit dem Glauben beschäftigt, ein eindeutiges: Ja! Und zwar durch das Bekenntnis zu Jesus Christus und das Ausrichten des Lebens nach seinem Vorbild. Wer es nicht glaubt, siehe im Internet:

Die christliche Taufe
Quelle: www.kfg.org/download/toolbox/bibelgrundkurs/08-Taufe-AB.pdf

oder:

„Befreit von der Erbschuld" – Was heißt das? – Taufe
www.erzdioezese-wien.at/site/glaubenfeiern/.../taufe/article/30734.html

Auch heißt es in Lukas: Lukas 5,33–39: Epheser 6,18–24:
Zur Freiheit hat uns Christus befreit! So steht nun fest und lasst euch nicht wieder das Joch der Knechtschaft auflegen!

Schließlich ist doch für den Heilige(n) Vater/Mutter alles möglich. Allerdings, Voraussetzung für diese Liebe ist auch, dass sich ein Kind selber liebt. Denn wie kann ein Vater oder eine Mutter ein Kind lieben, dass sich selbst verachtet? Unterwerfen wir uns nicht durch die Arbeit freiwillig einem Strafgericht? Wenn jemand kommt und darauf drängt, bestraft zu werden, kann dies nicht auch als Schuldeingeständnis gelten, oder als ein Ringen um Ansehen? Bekommt der Mensch nicht vielleicht auch den Gott, den er will, bzw. sich selbst gemacht hat? Hart und streng, oder nachsichtig und liebevoll? Ein Strafen um des Strafens willen macht keinen Sinn, da der Mensch sich nur durch die Gnade und Vergebung Gottes weiterentwickeln kann.

In den Versen des König Salamon wird die „Faulheit" verdammt:

„... warte nur, Fauler, dich überfällt Armut und Hunger wie ein Räuber in der Nacht", „Nimm dir ein Beispiel an der fleißigen Ameise, du Fauler, und lerne von ihr", rät Salomo bereits im Alten Testament arbeitsunwilligen Zeitgenossen

(Prediger 3,22; Sirach 7,16; Sprüche 6,6)

Nur war König Salomon ein sehr umstrittener Herrscher: In der Bibel steht, dass König Salomon öfter mal tat, was dem Herrn missfiel, in dem er z. B. fremde Götzen anbetete. Vielleicht auch den Götzen der Arbeit und des Geldes? Ob Salomon selber „etwas von Arbeit verstand", ist mehr als fraglich. In den Chroniken über die Könige Israels wird angedeutet, dass Salomon die Regierungsgeschäfte oft vernachlässigt hatte und sich mehr mit seinen Hunderten von Frauen beschäftigte. Auch sein Sohn und Nachfolger Rehobeam tat ebenfalls, was dem Herrn missfiel: Er regierte als tyrannischer Herrscher Judäa. Dieser Sohn Salomons sagte zu seinem Volk:

„Ihr fandet die Steuern meines Vaters (Salomon) zu hoch? – dann wartet mal ab, was ihr bei mir erlebt: Wo ihr bei meinem Vater schwe-

re Lasten tragen musstet, da werdet ihr bei mir die doppelten Lasten haben! Wo mein Vater euch mit Peitschen antrieb, da werde ich euch mit Stachelpeitschen treiben!" ...

Salomons „Früchtchen" Rehobeam zeigt uns, wohin das Hochloben von Arbeit hinführen kann: Die Verherrlichung der Arbeit kann schnell zum Vater der Sklaverei werden.

Faulheit führt zu Armut? – Nun, in der Bibel wird die Armut oft als gottgefällig gelobt, während die Reichen oft in Bezug auf Erwartungen in einem späteren Leben nach dem Tod sehr schlecht wegkommen. In den Evangelien heißt es dazu:

Jesus sprach: „Es ist leichter, dass ein Kamel durch ein Nadelöhr gehe, als dass ein Reicher ins Reich Gottes komme."

(Mt 19,24; Mk 10,25; Lk 18,25)

Im Lukasevangelium heißt es auch: In einer Stadt lebte ein reicher und wohlhabender Mann. Er genoss seinen Wohlstand, kleidete sich stets nach der neusten Mode und kostete die Freuden des irdischen Lebens voll aus ...

Es gab dort auch einen armen Menschen, er hieß Lazarus und führte ein elendes Dasein. Nach seinem Tod findet sich Lazarus in Abrahams Schoß (wörtlich: „der Leibesbucht") wieder. Auch der Reiche stirbt und wird begraben, findet sich aber in der Unterwelt (Hades) wieder, in der er qualvolle Schmerzen leidet. Von Abraham wird der Reiche aufgeklärt:

Mein Kind, denk daran, dass du schon zu Lebzeiten deinen Anteil am Guten erhalten hast, Lazarus aber nur Schlechtes. Jetzt wird er dafür getröstet, du aber musst leiden.

(Lk 16,25).

Im Buch Sirach steht Gesundheit vor Reichtum. Das bedeutet auch: Kein Kapputarbeiten um des Geldes Willens:

Sir 30,14

Besser arm und gesunde Glieder/als reich und mit Krankheit geschlagen.

Sir 30,15

Ein Leben in Gesundheit ist mir lieber als Gold,/ein frohes Herz lieber als Perlen.

Sir 30,16

Kein Reichtum geht über den Reichtum gesunder Glieder,/kein Gut über die Freude des Herzens.

Des Weiteren wird im Buch Sirach die Habgier verdammt:

Sir 31,5

„Wer das Gold liebt, bleibt nicht ungestraft,/wer dem Geld nachjagt, versündigt sich."

Sir 31,6

„Viele sind es, die sich vom Gold fesseln lassen,/die ihr Vertrauen auf Perlen setzen."

Sir 31,7

„Eine Falle ist das für den Toren,/jeder Einfältige lässt sich damit fangen."

Sir 31,8

„Wohl dem Mann, der schuldlos befunden wird,/der sich nicht aus Habgier versündigt."

Über den gerechten Lohn sagt Jesus in Sir 34,27:
„Blut vergießt, wer dem Arbeiter den Lohn vorenthält."

Des Weiteren sagte Jesus in Matthäus, Kapitel 19–21 (Lukas 12.33–34) (Kolosser 3.1–2):

19 „Ihr sollt euch nicht Schätze sammeln auf Erden, da sie die Motten und der Rost fressen und da die Diebe nachgraben und stehlen. 20 Sammelt euch aber Schätze im Himmel, da sie weder Motten noch Rost fressen und da die Diebe nicht nachgraben noch stehlen. 21 Denn wo euer Schatz ist, da ist auch euer Herz."

Und auch in den Evangelien des Lukas und Jakobus sprach Jesus:

24 „Niemand kann zwei Herren dienen: entweder er wird den einen hassen und den andern lieben, oder er wird dem einen anhangen und den andern verachten. Ihr könnt nicht Gott dienen und dem Mammon."

(Lukas 16.9) (Lukas 16.13) (Jakobus 4.4)

Somit hat der Reiche laut Bibel gegenüber dem Armen, bei weitem schlechtere Karten, was die Aussichten auf ein Leben im Paradies anbelangt: Einmal, weil er seinen Lohn schon in diesem Leben bekommen hat und zum andern, weil für Gott das Streben nach Reichtümern und die Liebe zum Geld in gewisser Hinsicht einen Götzendienst darstellt, da die eine Liebe (die Liebe zum Geld) die andere (die Liebe zu Gott) ausschließt.

„Nochmals sage ich euch: Eher geht ein Kamel durch ein Nadelöhr, als dass ein Reicher in das Reich Gottes gelangt."

– Matthäus 19,24

Jesus wirft die Geldwechsler aus dem Tempel (sogar zweimal!):
Die zweite Tempelreinigung:
Jesus geht hinein. Er wirkt sehr feierlich in seinem Purpurgewand und lässt den Blick über diesen Markt schweifen und über eine Gruppe von Pharisäern und Schriftgelehrten, die in einem Säulengang stehen und ihn beobachten. Sein Blick flammt vor Unwillen. Mit einem Sprung ist er in der Mitte des Hofes. Ein unvorhergesehener Sprung, der einem Flug gleicht; dem Flug einer Flamme, denn sein Gewand ist eine Flamme im Sonnenlicht, das den Hof überflutet. Er donnert mit mächtiger Stimme:

„Hinaus aus dem Haus meines Vaters! Hier ist kein Ort des Wuchers und des Handels! Es steht geschrieben: ‚Mein Haus soll ein Bethaus sein.' Warum habt ihr also dieses Haus, in dem der Name des Herrn angerufen wird, zu einer Räuberhöhle gemacht? Hinaus! Reinigt mein Haus. Damit ich euch nicht anstatt mit der Peitsche mit dem Blitz des himmlischen Zornes treffe. Hinaus! Weg von hier, ihr Diebe, Krämer, Schamlose und Mörder, ihr Gotteslästerer und Götzendiener des schlimmsten Götzendienstes: des eigenen stolzen Ich, ihr Verderber und Lügner! Hinaus! Hinaus! Oh, ich sage euch, Gott der Allerhöchste wird diesen Ort für immer ausfegen und seine Rache an einem ganzen Volk nehmen!"

Er gebraucht nicht die Peitsche wie beim ersten Mal, doch als er sieht, dass die Händler und Geldwechsler sich Zeit lassen, zu gehorchen, geht er zum nächsten Tisch und stürzt ihn um, so dass Waagen und Münzen zu Boden fallen.

Die Händler und Wechsler beeilen sich nun, nach diesem ersten Beispiel, den Befehl Jesu zu befolgen. Und Jesus ruft ihnen nach:

„Wie oft muss ich euch noch sagen, dass dies kein Ort der Unreinheit, sondern ein Ort des Gebetes ist?"

Profitgierige Händler, Wucherer und Geldwechsler. Für Jesus sind es Lügner, Betrüger und Diebe, die einen unreinen Götzendienst betreiben. Hier zeigt sich eine klare Haltung eines Messias, dessen „reines Bethaus" (Der Tempel) unvereinbar ist mit kapitalistischem Profitstreben.

Das materialistische Streben verwandelt einen spirituellen Ort in eine „Räuberhöhle". Die „frühkapitalistischen Abzocker" treiben den sonst so friedfertigen Jesus dazu, sogar hangreiflich zu werden und Tische umzuwerfen. Sogar mit der Peitsche treibt ein auf die Palme gebrachter Sohn Gottes die geldgierigen Götzenanbeter (Götze Mammon) aus dem Tempel.

Wenn jemand meint, Arbeit als Strafe Gottes für sich annehmen zu müssen, dann sei es so. Ich finde es jedoch viel wichtiger, moralische Gebote zu halten und sein Leben danach auszurichten. Konzentrieren wir uns doch lieber darauf, als durch ständige Selbstgeißelung um Ansehen zu ringen. Gott, das Universum, das allumfassende Bewusstsein, hat uns moralische Gebote gegeben, die wir halten sollen. In denen es aber nicht heißt, du sollst arbeiten. Sondern im Gegenteil: du sollst den Sabbat heiligen.

Gott sprach:

„Gedenke des Sabbats: Halte ihn heilig!"
„Achte auf den Sabbat: Halte ihn heilig, wie es dir der Herr, dein Gott, zur Pflicht gemacht hat."
„Sechs Tage darfst du schaffen und jede Arbeit tun. Der siebte Tag ist ein Ruhetag, dem Herrn, deinem Gott, geweiht."

In Bezug auf Arbeit und die sechs Arbeitstage in der Woche spricht Gott vom Dürfen und in Bezug auf das Einhalten eines arbeitsfreien Sonntags von einer Pflicht!

„Die zehn Gebote enthalten kein Gebot zu arbeiten, aber ein Gebot, von der Arbeit zu ruhen. Das ist eine Umkehrung von dem, was wir zu denken gewohnt sind."

Dietrich Bonhoeffer
In Lukas weist Jesus die arbeitswütige Marta zurecht:
Jesus besucht Marta und ihre Schwester Maria. Marta beginnt sofort zu waschen, zu kochen und für den Besuch zu sorgen.

Maria hingegen setzt sich zu Jesus' Füßen und hört ihm zu. Als Marta aufbegehrt, bremst Jesus:

„Marta, Marta, du machst dir viele Sorgen und Mühen. Aber nur eines ist notwendig. Maria hat das Bessere gewählt." (Lukas 10,41–42)

Jesus verteidigt Maria, die gerade durch ihr müßiges Sitzen und Zuhören überhaupt erst bereit ist, Gottes Wort zu empfangen, während Marta durch ihre hektische Arbeit und Sorgen zurechtgestutzt wird, als sie sich an Marias Müßiggang neidisch empört.

Zwar warnt der Apostel Paulus im 2. Thessalonicher 3,10 vor Müßiggang:

... Und da wir bei euch waren, geboten wir euch solches, dass so jemand nicht will arbeiten, der soll auch nicht essen ...

Jesus aber sprach in Matt. 6, 25–34:

„Sorgt nicht um euer Leben, was ihr essen und trinken werdet; auch nicht um euren Leib, was ihr anziehen werdet. Ist nicht das Leben mehr als die Nahrung und der Leib mehr als die Kleidung? **Seht die Vögel unter dem Himmel an: sie säen nicht, sie ernten nicht, sie sammeln nicht in die Scheunen; und euer himmlischer Vater ernährt sie doch.** *Seid ihr denn nicht viel mehr als sie? Wer ist unter euch, der seines Lebens Länge eine Spanne zusetzen könnte, wie sehr er sich auch darum sorgt? Und warum sorgt ihr euch um die Kleidung?* **Schaut die Lilien auf dem Feld an, wie sie wachsen: sie arbeiten nicht, auch spinnen sie nicht.** *Ich sage euch, dass auch Salomo in aller seiner Herrlichkeit nicht gekleidet gewesen ist wie eine von ihnen. Wenn nun Gott das Gras auf dem Feld so kleidet, das doch heute steht und morgen in den Ofen geworfen wird: sollte er das nicht viel mehr für euch tun, ihr Kleingläubigen? Darum sollt ihr nicht sorgen und sagen: Was werden wir essen? Was werden wir trinken? Womit werden wir uns kleiden? Nach dem allen trachten die Heiden. Denn euer himmlischer Vater weiß, dass ihr all dessen bedürft.* **Trachtet zuerst nach dem Reich Gottes und nach seiner Gerechtigkeit, so wird euch das alles zufallen.** *Darum sorgt nicht für morgen, denn der morgige Tag wird für das Seine sorgen. Es ist genug, dass jeder Tag seine eigene Plage hat!"*

Wäre ich Christ, so stände für mich das Wort Jesu im Zweifelsfall immer vor dem Wort eines neu in der Apostelgruppe dazu gestoßenen Wichtigtuer wie Paulus, der Jesus wohl nie begegnete und seine Worte nicht verstand.

Weiter sprach Jesus in Mt. 19, 30

„Aber viele, die da sind die Ersten, werden die Letzten, und die Letzten werden die Ersten sein."

An dies zu glauben, muss ein Gräuel sein für jeden neoliberalen Prediger des brutalen, kapitalistischen Gewinner-Verlierer-Systems. Es bedeutet doch, dass es dort, wo es Gewinner (die Ersten) und Verlierer (die Letzten) gibt, dem Gewinner keine guten Aussichten in einem zukünftigen Leben bevorstehen. Für die Gewinner im Kapitalismus, z. B. die Unternehmer, kommt ein Verliererleben in der Zukunft. Zudem macht diese Aussage von Jesus klar, dass das Streben, der Erste zu sein, in einem brutalen Konkurrenzkampf nicht erstrebenswert wert.

Die Apostelgeschichten erzählen auch von einer erstaunlichen Solidarität, bei der die sozial Stärkeren Jesu' Anhängern, den sozial Schwächeren, bedingungslos halfen:

Apostelgeschichte 2,44

Und alle, die gläubig geworden waren, bildeten eine Gemeinschaft und hatten alles gemeinsam.

Apostelgeschichte 2,45

Sie verkauften Hab und Gut und gaben davon allen, jedem so viel, wie er nötig hatte.

Apostelgeschichte 2,46

Tag für Tag verharrten sie einmütig im Tempel, brachen in ihren Häusern das Brot und hielten miteinander Mahl in Freude und Einfalt des Herzens.

Apostelgeschichte 2,47
Sie lobten Gott und waren beim ganzen Volk beliebt. Und der Herr fügte täglich ihrer Gemeinschaft die hinzu, die gerettet werden sollten.

Solidarität statt Egoismus

Es werden allezeit Arme sein im Lande; darum gebiete ich dir und sage, dass du deine Hand auftust deinem Bruder, der bedrängt und arm ist in deinem Lande. 5. Mose 15,11

Zwar sagte Paulus zu den Mitgliedern der frühchristlichen Gemeinde, sie sollen arbeiten, damit mit dem verdienten Geld den Armen besser geholfen werden kann. Doch auch das hatte der erst später dazu gestoßenen Apostel Paulus Jesus nicht verstanden, wie das Gleichnis mit der Armen Witwe zeigt:

Jesus und die arme Witwe

Dem Opferstock gegenübersitzend, schaute er zu, wie die Leute Geld in den Opferstock einwarfen. Und viele Reiche warfen viel hinein. Auch eine arme Witwe kam. Sie warf zwei Lepta hinein, das ist ein Quadrans. Und er rief seine Jünger herbei und sagte zu ihnen:

Amen, ich sage euch: Diese Witwe, die arme, sie hat mehr hineingeworfen als alle, die in den Opferstock einwerfen. Denn alle haben aus ihrem Überfluss, sie aber hat aus ihrer Bedürftigkeit all ihre Habe eingeworfen – ihr ganzes Leben (Mk 12,41–44).

Das bedeutet, dass es für Gott nicht darauf ankommt, wie viel man, in Zahlen ausgedrückt, gibt, sondern wie viel man von dem, was man hat, quasi prozentual könnte man sagen gibt. Es gibt für Gott keine Zahlen nach menschlichem Ermessen. Es liegt ja schließlich in der allmächtigen Hand Gottes, mehr oder weniger Arme entstehen zu lassen. Gott/das Universum/das Allumfassende Bewusstsein, will nur unsere Barmherzigkeit und Bereitschaft zur Hilfe sehen und nicht eine große Zahlenmenge an gespendetem Geld.

Es gäbe noch viele Bibelzitate, in denen klar und deutlich wird, dass eine praktische Umsetzung der Worte Jesu das völlige Ende des auf rücksichtslosen Profitstreben basierenden Kapitalismus bedeuten würde.

Für die Bettelmönche gerade im frühen Mittelalter galt Arbeit als sinnloses, materielles Streben, geboren aus der menschlichen Arroganz, die Dinge selber und ohne die Hilfe Gottes in die Hand zu nehmen. Ora et labora? Kann ich mich wirklich voll und ganz auf mein Gebet konzentrieren, wenn ich gleichzeitig arbeite? Eine wirkliche Nähe zur Göttlichkeit spüre ich gerade in der Muße. – Wenn ich draußen bin und z. B. im Wald die göttliche Schöpfung bewundere und genieße.

Viele Menschen gehen auch nicht mehr in die Kirche, da sie sonntags arbeiten müssen. Man kann **nur** Gott **oder** den Mammon lieben, und nun denken wir mal scharf nach: Warum wird in unserer Gesellschaft der Fleiß gelobt und die „Faulheit" verdammt? – Klar, der „Fleißige" bringt jemandem, z. B. dem Arbeitgeber, (mehr) Geld. Man kann aber nicht Gott und den Mammon (Geld) lieben.

Heutige Historiker und Bibelforscher sind davon überzeugt, dass Jesus und auch Johannes der Täufer aus der „Essener Bewegung" gekommen sind. Zur Erklärung, es gab nur drei bekannte religiöse Gruppen im alten Israel: Die Pharisäer, die Sadduzäer und die Essener.

Wer waren die Essener?

Flavius Josephus nannte die Essener wiederholt als dritte große jüdische „Partei" neben Pharisäern und Sadduzäern. Er schrieb in De bello Judaico (2, 119–161):

Sie betrieben Philosophie,
„liebten einander" mehr als alle
übrigen jüdischen Gruppen,
lebten asketisch,
lehnten Umgang mit Frauen (Sexualität) ab,
lehnten Öl (Salbung) ab,
trugen weiße Kleider,
übereigneten beim Eintritt ihren
ganzen Besitz der Gruppe,
ein dazu Gewählter verwaltete
den Gemeinbesitz,
bewohnten keine besondere Stadt,
sondern bildeten in jeder Stadt Gruppen,
nahmen Waffen nur auf Reisen
zum Schutz vor Räubern mit,
beteten vor Sonnenaufgang,
aßen nach Tischgebeten mittags
und abends gemeinsam,
betätigten sich als Heiler,
lehnten das Schwören ab,
außer ihrem Eid beim Eintritt,
„Ungerechte zu hassen und
mit den Gerechten zu kämpfen",
müssten ein Noviziat ableisten,
würden bei Regelverstößen ausgeschlossen,
befolgten den Sabbat streng,
vergruben ihre Exkremente,
seien bereit, für die Tora
zu sterben (Märtyrer),
glaubten an die Unsterblichkeit der Seelen
zur Erlösung oder ewigen Strafe.

Auch hier in der Gruppe, aus der die Nazaränerbewegung hervorging, lebten die Gläubigen ohne eigenen Besitz und ohne Geldvermehrung als Asketen in einer Art sozialistischer Gemeinschaft. Somit ist auch die antichristliche, purtitanische und calvinistische Sektenausbildung im Christentum, die das Arbeiten und ein Streben nach Reichtum predigt, mit der Lehre Christi unvereinbar! Ich bin somit als Anti- Calvinistin/Antipuritanerin anzusehen.

Ich bete zur Göttlichkeit, auf dass unser Gesellschaftssystem vermehrt zurückfindet zu Mitmenschlichkeit, Liebe, Solidarität und Gemütlichkeit.

Es gibt auch eine buddhistische Stellungnahme zum Kapitalismus und zur Arbeit. Viele buddhistische Bettelmönche sehen wie auch die christlichen Bettelmönche des Mittelalters, Arbeit als sinnloses materialistisches Streben, geboren aus der menschlichen Arroganz. Eine Arroganz, die mangels Demut versucht, Dinge selber in die Hand zu nehmen, und das, ohne nach Gott zu fragen. Immer aus dem Blickwinkel des Geldverdienens und der Anhäufung von Reichtum. Doch was auch immer an Besitz angehäuft wird, es wird am Ende wieder entrissen und sei es durch den Tod. Das Seelenheil hingegen kann „hinübergerettet" werden und das Schicksal (Karma) im Leben danach bestimmen. Sehr zu empfehlen ist der Vortrag von Prof. Brodbeck Ökonomie und Buddhismus abrufbar bei YouTube: *Ökonomie und Buddhismus – Prof. Dr. Karl-Heinz Brodbeck.*

„An sich ist Müßiggang durchaus
nicht eine Wurzel allen Übels, sondern
im Gegenteil ein geradezu göttliches Leben,
solange man sich nicht langweilt."

Søren Kierkegaard

5 DER (SOZIAL-) DARWINISMUS UND DER VERSUCH EINER ÜBERTRAGUNG AUF DIE MENSCHLICHE GESELLSCHAFT

Die Theorie Darwins zur biologischen Evolution („struggle for life", „survival of the fittest") und der Versuch einer Übertragung auf die menschliche Gesellschaft.

Daraus folgt eine Beurteilung des Wertes des Menschen nach seinem Erfolg im „Überlebenskampf" und seinem „ökonomischen Vorteil" für die Gesellschaft.

In der Kaiserzeit und vor allem in der NS-Zeit diente der Sozialdarwinismus in Deutschland unter Rückgriff auf Rassenhygiene und Rassenanthropologie als Rechtfertigung für Krieg und Völkermord.

Eine Population ist nicht selten deshalb besonders erfolgreich, weil sie solidarisch ist und die Schwachen schützt.

Quelle: Philip Clodt u. Philosophiekurs 11.2. 01.06.2004

Als erstes muss deutlich festgehalten werden, dass der Darwinismus keine wissenschaftlich bewiesene Tatsache ist, sondern bloß eine Interpretation der vorhandenen Befunde aus der Biologie, der Genetik und der Paläontologie, und zwar eine Interpretation, die von einem ganz bestimmten Weltbild abhängig ist, so wie jede Interpretation von einem Weltbild abhängig ist. Welches Weltbild in der darwinistischen Evolutionstheorie zum Ausdruck kommt, ist kein Geheimnis: Der „Materialismus", d. h. die Ansicht, Materie sei der Urgrund von allem und alles Existierende sei das Produkt einer materiellen Entwicklung. Alles, auch Leben und Bewusstsein, lasse sich mit den Gesetzen der materiellen Wissenschaften erklären und letztlich auch reproduzieren. Dieses Weltbild bietet nur ein einziges Szenario an, um auf die Frage: „Wie entstand das Leben auf der Erde? Wie entstanden die verschiedenen Pflanzen- und Tierformen?", zu antworten, und das ist das Szenario, dass Leben aus Materie entstanden sein muss, und dass alle höheren Lebensformen aus den nächstniederen hervorgegangen seien. Dieses Weltbild ist mittlerweile derart weit verbreitet, dass sich kaum jemand mehr fragt, wie weit diese Interpretation bzw. Hypothese überhaupt bewiesen oder auch nur logisch ist. Nicht einmal die Vertreter der Naturwissenschaft, die von sich behaupten, wissenschaftlich und objektiv zu sein, hinterfragen diese Hypothese. Einige Vertreter äußern sich sogar ziemlich selbstherrlich und arrogant, indem sie behaupten, kein „ernst zu nehmender Wissenschaftler" zweifle heute mehr daran.

„National Geographic Deutschland", Editorial, S. 204, verfasst vom Chefredakteur

Ob jemand „stark" oder „schwach" in der Natur ist, lässt sich nur schwer definieren. Nehmen wir eine Herde Gazellen: Eine der vielen Gazellen hat aus darwinistischer Sicht einen „guten Genpool". Diese besondere Gazelle ist bei weitem schneller als alle anderen Gazellen. Doch wie bei einer zu schnellen Autofahrt ist der Blickwinkel getrübt. Vor lauter Highspeed erkennt die Supergazelle den Ast nicht, der den Weg kreuzt. Während so die langsameren Gazellen den Ast noch rechtzeitig erkennen, ausweichen oder darüber springen, stolpert die Gazelle mit den vermeintlich guten genetischen Voraussetzungen und bricht sich das Bein. So ein Pech! Es dauert nicht lange und ein Löwe kommt und frisst die Gazelle mit den guten Genen. Somit kann eine vermeintlich schlechte genetische Voraussetzung wie die der anderen Gazellen sich am Ende sogar als nützlich erweisen.

Siehe auch:

Der Anarchisten-Boulevard, frei und unabhängig

» About
» Rechtsanwalt Dr. Ralf Neuhaus Dortmund
» Dr. Roggenwallner Dortmund
» Archiv
» RSS-Feed

CVJM Aurich, CVJM Emden, CVJM Lüdenscheid, CVJM Leer, FDP Bonn

Verlogene Leistungsgesellschaft ist wider unsere Natur!/ Guido Westerwelle, FDP Bonn, Darwin, CVJM

In **Uncategorized** am **Februar 15, 2010** um **6:22 nachmittags**

Näheres zur speziellen Ansprache des CVJM:
http://anarchistenboulevard.wordpress.com/2010/01/17/boogie-anarchie-teil-1-an-den-cvjm-dortmund/

Westerwelle, Darwin und der bewusst erzeugte Irrtum

Seitdem der Mensch den Menschen ausbeutet, wird auf das Konkurrenzprinzip gesetzt, ob im Kapitalismus, oder im sog. real existierenden Sozialismus. Wie die Windhunde im Rennen einem Holzhasen nachjagen, den sie niemals erreichen können, so hetzen die Menschen in unserer „Leistungsgesellschaft" einem immer schneller, immer besser, immer mehr hinterher. Dass wir dafür mit Stress, Herzinfarkten und Psychosen zahlen, ist längst kein Geheimnis mehr, so dass verständige Köpfe dahinterkommen müssten, dass dieses sog. Leistungsprinzip, bei dem über Konkurrenzdruck motiviert wird, eindeutig unserer Natur zuwiderläuft. Dabei beziehen sich die Prediger der Leistungsgesellschaft erstens auf Darwin: „Survival of the fittest", „Überleben der Tüchtigsten" als ein Naturgesetz, dem nichts entgegengesetzt werden kann. So meint man zumindest. Die Wahrheit ist eine andere: Alles, was wir mit Stärken verbinden, sei es die rohe Körperkraft, die Körpergröße, die Intelligenz oder was auch immer, ist üblicherweise mit Nachteilen verbunden. Ein im dichten Busch lebender Naturmensch wäre nahezu aufgeschmissen, wenn er die Körpermaße eines Klitschko hätte: Schlechtes Durchkommen im dichten Dschungel, zu schwer, um sicher im Astwerk der Bäume zu klettern, zu hoher Energiebedarf, um sich mit Leichtigkeit ernähren zu können.

Solche Offensichtlichkeiten haben die Prediger der Leistungsgesellschaft niemals aufhalten können, nicht einmal den SS-Chef

Heinrich Himmler, der groß gewachsene kräftige Menschen idealisierte, aufgrund zu geringer Körpergröße aber nicht einmal SS-Mitglied hätte werden können, wäre er nicht ihr Gründer gewesen. Darwin liegt nicht grundsätzlich falsch, denn natürlich ist Überlebensfähigkeit der Maßstab, nach dem sich Arten erhalten, verbreiten oder aussterben. Fehlerhaft aber ist es, dabei stets individuell zu betrachten, denn bei sozial organisierten Wesen kommt es nicht auf die Überlebensfähigkeit des einzelnen Individuums, sondern auf die der Gemeinschaft an. Fehlerhaft ist es auch, nur die Leistungsfähigkeit, nicht aber deren Kehrseite zu betrachten. Begeht man diese beiden Fehler, betrachtet man nur das Individuum und zudem nur die Leistungsfähigkeit, nicht auch deren Kehrseite, dann kann man nicht erklären, warum die Menschheit nicht längst aus Genies besteht, die alle so groß und stark sind wie die Klitschkos.

Schließlich ist es allgemein bekannt, dass z. B. Intelligenz und Körperkraft des Menschen breit um ihre jeweiligen Durchschnittswerte gestreut sind – nach Millionen von Jahren menschlicher Evolution. Verständlich wird dieser Umstand, wenn man sich vor Augen hält, dass der Mensch von Natur aus ein Gemeinschaftswesen war und ist: In natürlichen Gemeinschaften gilt das Prinzip „Jede und jeder für jede und jeden!", so dass es nicht nötig war/ist, dass jeder Mensch über geniale Intelligenz und Bärenkraft verfügt(e). Es reicht(e), wenn jede Sippe ein paar Kluge und ein paar Kraftprotze hatte, die ihre Stärken im Sinne aller einsetzten, wann immer nötig. Wie man es aus vorbildlichen Familien kennt, die ein besonders kluges Mitglied haben: Dieses kluge Familienmitglied einer intakten Familie setzt seine Intelligenz nicht als Konkurrenzwaffe gegen die anderen Familienmitglieder ein, sondern stellt sie den anderen Familienmitgliedern für die Lösung ihrer Probleme zur Verfügung. Andererseits gab und gibt es in menschlichen Gemeinschaften überwiegend Aufgaben zu bewältigen, für die man weder geniale Intelligenz noch Bärenkraft benötigt(e). Im Sinne der Arterhaltung war/ist es in natürlichen Gemeinschaften wichtig, für diese Arbeiten Menschen zur Verfügung zu haben, die weder über geniale

Intelligenz noch über Bärenkräfte verfügen: Intelligente Hirne und kräftige Körper sind nämlich Energiefresser, ein Einstein oder ein Klitschko verbrauchen z. B. beim simplen Geschirrspülen per Hand mehr Energie als eine 45-kg-Frau mit mittlerer Intelligenz. Einen Klitschko Geschirr spülen zu lassen, wäre etwa so, als würde man mit einem LKW zum Bäcker fahren, um dort die Sonntagsbrötchen für die Familie zu kaufen.

Auch bei anderen sozial organisierten Arten findet man im Grundsatz dieses Prinzip: Für die Gazellenjagd reichen die Löwenweibchen, immerhin rund 140 kg schwere Raubtiere, absolut aus. Die bis zu 220 kg schweren männlichen Kraftprotze stellen sich dabei höchstens irgendwo hin, um den Gazellen einen Fluchtweg zu versperren.

Geht die Jagd aber auf Großwild, etwa Kaffernbüffel, dann führen die männlichen Kraftprotze den Angriff, bis das Opfer so weit unter Kontrolle ist, dass die Löwinnen mehr oder weniger gefahrlos mitmischen können. Auch bei der Verteidigung gegen rivalisierende Löwen- und Hyänenrudel sind die Löwenmännchen in der ersten Reihe zu finden.

Werden Löwen nicht bedroht, sind sie zudem satt gefressen – dann faulenzen sie. Auch das ist ein Hinweis darauf, wie wichtig das Energiesparen von der Natur genommen wurde/wird: Hunger war und ist steter Todfeind jedes Individuums in der Natur, und darauf sind Gemeinschaftswesen so eingerichtet, dass die Gesamtsippe die ihr gestellten Aufgaben mit möglichst geringem Energieeinsatz meistern kann. Nach dem Schema lebten westgermanische Stämme zumindest noch vor rund 2.000 Jahren. So berichtet Tacitus u. a., dass gerade die wackersten Krieger der Germanen, die verwegenen Kraftprotze, im normalen Alltag die Faulsten gewesen seien, während die „leichten" Arbeiten von Frauen, Senioren und heranwachsenden Kindern ausgeführt wurden – von Menschen, die das mit geringerem Energieaufwand tun konnten.

Dieser Zug der menschlichen Natur dürfte auch der Grund dafür sein, dass Frauen üblicherweise fleißiger sind als Männer – eine Voraussetzung dafür, dass die Gemeinschaftsaufgaben energiesparend erledigt werden.

Wer sich diese Dinge vor Augen hält, dem wird klar, dass die sog. „Leistungsgesellschaft" nicht nur völlig unserer Natur widerspricht, sondern zugleich teuflische Menschenverachtung gegenüber denen bedeutet, die nicht zu den Genies und Kraftprotzen gehören.

In natürlichen Gesellschaften werden alle Menschen gleich geschätzt, wenn sie sich im Rahmen ihrer persönlichen Fähigkeiten mit Liebe für ihre Gemeinschaft einsetzen. Dieses Motivationsprinzip ist der Motivation durch Konkurrenzdruck weit überlegen: Wir alle wissen aus Erfahrung, dass das, was man aus Liebe tut, nicht als Anstrengung/Arbeit empfunden wird. Man tut es gern, freut sich schon bei der Arbeit darauf, denen, die man liebt, eine Freude zu machen.

Anders die Motivation durch Konkurrenzdruck, die den Menschen stresst, ihn Versagensängsten aussetzt und letztlich niemals mit sich selbst zufrieden sein lässt.

Guido Westerwelle und all die anderen, die auf die sog. Leistungsgesellschaft setzen, die den Konkurrenzdruck schüren, betreiben ein teuflisches Spiel mit der Gesellschaft.

Wir müssen davon weg.

Ganz abgesehen davon, dass von Leistungsgerechtigkeit ohnehin keine Rede sein kann: Guido Westerwelle hat seine Stellung nicht, weil er so gute Politik machte. Er hat sie deshalb, weil er unbeirrt für die Interessen des Großkapitals kämpft. Auch die Bezahlungen anderer Politiker, Wirtschaftsbosse usw. stehen in keinem Verhältnis zu einer objektiv sinnvollen Leistung, sondern erweisen sich bei näherem Hinsehen stets als Korruptionsprämien, letztlich zu verdanken der Macht des Kapitals.

Was würde denn mit Angela Merkel, die als eine der mächtigsten Frauen der Welt gehandelt wird, geschehen, wenn sie sich vor den Bundestag stellte und sagte: „Der Kapitalismus ist ein menschenfeindlicher Irrtum. Wir müssen umsteuern!"

Wie lange wäre sie dann noch „mächtig"?

Wir müssen umsteuern. Wir müssen zu dem Bewusstsein zurück, dass jede gewissenhaft gemachte Arbeit gleichen Wertes ist, wir müssen zu einer Gesellschaft zurück, die dem echten

Gemeinschaftsgeist gerecht wird, anstatt uns alle in ein letztlich tödliches Windhundrennen zu schicken, einem hölzernen Hasen hinterher, den wir niemals einholen können.

Winfried Sobottka, **United Anarchists** (aufrufbarer Link) Ein schwerwiegender Unfug in doppelter Hinsicht ist der Versuch einer Übertragung sozialdarwinistischer Thesen auf die menschliche Gesellschaft. Denn zum einen sind Darwins Theorien wissenschaftlich nicht bewiesen und lediglich nur eine sehr einseitige Betrachtungsweise der Natur. Zum anderen: selbst wenn Darwin recht gehabt hätte, so misst er den Menschen nur nach seinem ökonomischen Vorteil und reduziert seinen Wert auf den Stand eines nützlichen Raubtiers bzw. Nutztieres. Der Mensch ist jedoch mehr als nur ein wirtschaftliches Nutztier, das sogar von Eugenikern und Rassehygienikern gezüchtet werden sollte. Den „minderwertigen Menschen" gibt es in der religiösen Vorstellung (zu Recht, wie ich finde) nicht, da vor Gott alle Menschen gleich sind und seine einzigartigen Geschöpfe. Viele Menschen, die ihren Wert in der Gesellschaft lange nicht einbringen konnten, weil sie z. B. von niemand gefordert wurden, entwickelten sich später zu großen Philosophen, Mathematikern, Künstlern, Musikern etc. Wie z. B. Albert Einstein. In der Jugend ein schlechter Schüler und dann später ein Atomphysiker. Oder der Müßiggänger Pythagoras. Heute geschätzt als einer der wichtigste Mathematiker. Eine Selektion von vermeintlich „schlechtem Erbmaterial" ist genauso wie die Züchtung von vermeintlich „gutem Erbmatrial" daher völliger Unsinn, da es den Genpool der Menschen letztendlich verkleinert und andere genetische Aspekte, wie z. B. den Charakter eines Menschen, ganz außer Acht lässt. Auch viele Biologen halten heute Darwins Theorien für überholt. Darwins einseitige, pseudowissenschaftliche Thesen wurden schon früh infrage gestellt, so z. B. durch den Anarchisten und Geographen Pjotr Alexejewitsch Kropotkin in seinem Buch *Gegenseitige Hilfe in der Tier- und Menschenwelt.* Oder durch den Philosophen Friedrich Nietzsche in seinem *Anti-Darwinismus.* Interessant auch die Frage: Wer war Charles Darwin selbst? War er der genetisch überlegene Supermensch?

Stark aus Sicht seiner eigenen Naturgesetze? Hier ein Auszug aus unabhängiger Quelle und Erklärung:

Rückzug nach Down House

Im November 1842 zog sich die Familie Darwin in das Down House in die kleine, südlich von London gelegene Ortschaft Down zurück. Hier erhoffte sich Darwin mehr Ruhe für seine angeschlagene Gesundheit. Bereits seit seiner Rückkehr von der Beagle-Reise, verstärkt seit 1839, hatten sich immer wieder Krankheitssymptome eingestellt, über deren Ursachen bis heute spekuliert wird. Die Symptome waren **Schwäche**anfälle, Magenschmerzen, Übelkeit und Erbrechen, erhöhter Puls und Atemprobleme. Darwin lebte daher sehr zurückgezogen, begab sich selten auf Reisen und verließ die Britische Insel zeit seines Lebens nicht mehr.

Die Reise mit der HMS Beagle

Stürme verzögerten den Beginn der Vermessungsfahrt der HMS Beagle immer wieder. Erst am 27. Dezember 1831 stach die HMS Beagle von Devonport aus in See. Die Fahrt begann für Darwin unerfreulich. Er wurde sofort seekrank ...

Darwin selbst war kränklich. Die oben beschriebenen Krankheitsymptome begleiteten ihn sein Leben lang. Somit war der Vertreter seiner eigenen Ideologie alles andere als stark. Wohlgemerkt, D. litt an **Schwäche**anfällen!

Darwin lebte vom Vermögen seines Vaters und das seines Schwiegervaters Darwin. Er arbeitete nicht und war somit sozial gesehen und nach seiner Theorie eher eine „0". Wenn man zudem die Auswirkungen seiner Thesen ansieht, die schon einmal auf die menschliche Gesellschaft übertragen wurden (man denke an das Euthanasieprogram im Dritten Reich), so muss man sogar sagen, das C. Darwin hier eine gewisse Mitverantwortung trägt.

Zudem heiratete D. erst spät sein. Sein „Erfolg bei Frauen" war in der Jugendzeit eher gering. Darwin galt als schüchtern.

Er hätte die Natur richtig deuten und auch mal von den fleißigen Bienen berichten sollen, deren Lebenserwartung niedrig ist (Arbeiterinnen – Lebensdauer beträgt im Winter etwa sechs bis sieben Monate, im Sommer etwa 35 bis 42 Tage, Drohnen nur von Mai bis August) Die „faulen" Bären hingegen können sehr alt werden:

Eine Untersuchung im Yellowstone-Nationalpark hat ergeben, dass Braunbären bis zu sechs Jahre alt werden können. Das Höchstalter von Tieren in freier Natur wird auf 20 bis 30 Jahre geschätzt, in der Obhut von Menschen können Bären ein Alter von 20–30 Jahren erreichen!

Wer es nicht glaubt: Es ist alles wieder einmal wie bei allen meinen Behauptungen, nachlesbar auf Wikipedia, siehe Wikipedia.de Stichwort: Bären.

Was ebenfalls auf Wikipedia.de nachgelesen werden kann: Auch **Faultiere** können alt werden! Die Lebenserwartung der Faultiere: Während wildlebende Faultiere ein Alter von 20 Jahren erreichen können, werden sie in menschlicher Obhut oft sogar doppelt so alt.

Diese Erkenntnisse aus der Natur sind allerdings sehr wohl auf die menschliche Gesellschaft übertragbar. Es ist auch wichtig zu wissen: egal wie „faul" ein Tier ist, **die Natur ernährt jeden!**

Zu Erinnerung Jesus Matt. 6, 25–34:
„Sorgt nicht um euer Leben, was ihr essen und trinken werdet; auch nicht um euren Leib, was ihr anziehen werdet. Ist nicht das Leben mehr als die Nahrung und der Leib mehr als die Kleidung? **Seht die Vögel unter dem Himmel an: sie säen nicht, sie ernten nicht, sie sammeln nicht in die Scheunen; und euer himmlischer Vater ernährt sie doch.** *Seid ihr denn nicht viel mehr als sie? Wer ist unter euch, der seines Lebens Länge eine Spanne zusetzen könnte, wie sehr er sich auch darum sorgt? Und warum sorgt ihr euch um die Kleidung? Schaut die Lilien auf dem Feld an, wie sie wachsen:* **sie arbeiten nicht, auch spinnen sie nicht."**

Nur einige verblendete Menschen machen wegen paar vermeintlichen „Sozialschmarotzern" einen riesen „Terz". Derweil ist es lediglich die maßlose Gier kapitalistischer Konzerne und Banken, die auf räuberischer Art und Weise allen Kosten verursacht. Der Natur wie auch dem Menschen (Dazu noch mehr im Schlusswort).

„Arbeit ist süß, aber ich bin Diabetiker."

Unbekannt

6 DER MODERNE KAPITALISMUS: INDUSTRIALISIERUNG, ÜBERPRODUKTION UND FINANZKRISE

„Ich wünschte, ich wär ein Teppich, dann
könnt ich jeden Morgen liegen bleiben."

Unbekannt

Überproduktion

Die Überproduktion führt zu massiven Umweltproblemen. Je mehr produziert wird, desto mehr Produkte (Nahrung, Kleidung etc.) werden weggeworfen, desto mehr Energie wird verbraucht und desto mehr Rohstoffe werden verbraucht. Im Zuge der Globalisierung haben deutsche Firmen in verstärktem Maße Konkurrenz, insbesondere aus China. Statt die Binnenkonjunktur hierzulande zu stärken, wird durch die Förderung der Globalisierung der Konkurrenzkampf mit ausländischen Betrieben weiter angefacht, in dem noch mehr Wohlstandsprodukte hergestellt werden. In China sind die Folgen des Globalen Wettrennens deutlich zu sehen an der Zerstörung der Umwelt, die sogar weiter vorangeschritten ist als bei uns.

Zudem muss man sich einmal folgendes vorstellen: Ca. die Hälfte der produzierten Lebensmittel wird weggeworfen. Das bedeutet, dass rein theoretisch die Angestellten in der Lebensmittelherstellung und im Verkauf nur halb so lange arbeiten müssten, wenn es uns gelingen würde, diese Verschwendung in den Griff zu bekommen. Wir müssten auch auf nichts verzichten, sprich, wir hätten nicht weniger Lebensmittel zu Verfügung.

Wir produzieren zu viel!

So sorgt eine von Zwangsarbeit und Neoliberalismus gepuschte Wirtschaft für einen immer höheren Verbrauch an Rohstoffen der Erde, Verschleiß von Menschen und Zerstörung der Umwelt. Arbeitsplätze werden, egal wie sehr die Wirtschaft wächst, kaum noch geschaffen, außer im prekären Niedriglohnsektor. Wenn wir nicht aufpassen, ist auch eine Wiedereinführung der Kinderarbeit denkbar. Natürlich hat das Ganze dann einen anderen Namen und es lässt sich bestimmt ein Wissenschaftler aus dem Hut zaubern, der belegen kann, dass Arbeit den Kindern sogar guttut und auf ihre Entwicklung einen positiven Einfluss hat. Daher mein Aufruf:

Wehrt euch! Wenn ihre eure Kinder liebt! Wach auf, Volk! Welche Welt wollt ihr euren Kindern hinterlassen? Ich werde in meinen späteren Kapiteln noch das Thema Konsumwahn ansprechen. Auch den „Schönheits-" und „Gut-Aussehens-Wahn" gilt es anzuprangern. Den Konsum einzuschränken und zu verändern, könnte uns helfen, die Rohstoffe und die Umwelt unseres Planeten zu schonen und besser als bisher zu nutzen. Dies kann Geld freimachen für wichtigere Dinge wie BGE und auch andere soziale und ökologische Projekte, und/oder mehr Freizeit und Muße für Jedermann ermöglichen.

Interessantes Buch auch hierzu: Befreiung vom Überfluss: *Auf dem Weg in die Postwachstumsökonomie* von Niko Paech.

> *„In der Tat sollte man das Studium des Müßiggangs*
> *nicht so sträflich vernachlässigen, sondern*
> *es zur Kunst und Wissenschaft, ja Religion bilden!"*

Friedrich Schlegel

Finanzkrise

Der Comedy-Künstler Volker Pispers bringt es immer wieder auf den Punkt. Das Video abrufbar auf YouTube: Volker Pispers über freie Marktwirtschaft, Leben auf Pump.

Die Banken und Finanzkrise von 2008/2009 brachte Banken durch ihre eigenen Finanzspekulationen stark in Bedrängnis.

Um die Banken vor dem selbstverschuldeten Untergang zu retten kommen, nahmen die Staaten viel Geld in die Hand. Geld, das im sozialen Bereich daraufhin fehlte. Man muss sich vorstellen, dass die Politiker aus der Finanzkrise bis heute nichts dazugelernt haben. Die Banken können weiter spekulieren im Rahmen eines völlig liberalisierten Marktes. Kommt es zu Krisen, werden Banken anders als Hartz IV-Empfänger bedingungslos gerettet. Eine Vollkaskoversicherung für Finanzjongleure auf Kosten des Steuerzahlers steht jederzeit bereit. Vielleicht hilft es den ja den Hartz IV-Empfängern, sich ein Schild umzuhängen mit der Aufschrift: „Rettet mich! Ich bin eine Bank!" Gegen diesen Missstand protestierte vor allem die kapitalismuskritische Occupy-Bewegung (siehe Occupy-Bewegung). Zur Finanzkrise gesellte sich zu allem Übel die Schuldenkrise.

Schuldenkrise

Die Schuldenkrise oder auch Staatsschuldenkrise entwickelte sich nach der Finanzkrise zu einem Dilemma. Die USA und einige Südeuropäische Staaten wie Griechenland haben bis heute mit den Folgen der Finanzkrise zu kämpfen. Viel Geld haben auch diese Staaten in die Hand genommen zur Rettung der Banken, trotz Eigenverschulden der Banken. Während für die gierigen Bänker schnell Geld zur Hand war, hat man den Pleitestaaten wie Griechenland ein rigoroses Sparpaket aufgezwungen. Die Arbeitslosigkeit in diesen Staaten ist hoch und die Armut nimmt immer mehr zu. Doch eine Reichensteuer zu Linderung der Krise wurde bisher nur in Frankreich umgesetzt.

„Arbeit um der Arbeit willen ist gegen
die menschliche Natur."

John Loc

7 DIE DEUTSCHE GESELLSCHAFT SEIT ENDE DES 2. WELTKRIEGES BIS HEUTE

Ich mag Deutschland, keine Frage. Dies ist auch ein Grund, warum ich gerne in der Heimat Urlaub mache. Neuschwanstein, Bayrischer Wald, Weinsberg, Fischen im Allgäu, Bad Wörishofen und, und, und ... Ich mache gerne auch Ausflüge in good old Germany. Ich glaube, nirgendwo gibt es so tolle Burgen und Schlösser wie hier. Vor allem liebe ich als Romantiker Ritterspiele und Mittelaltermärkte. Was Freizeit anbelangt, hat unser Land sehr viel zu bieten. Auch Grundgesetz ist einer der besten Verfassungen auf diesem Globus. Einleitend ist die Würde des Menschen unantastbar. Wir haben die Gewaltenteilung, die Gleichberechtigung von Mann und Frau, Meinungsfreiheit und die Unschuldsvermutung vor Gericht, Schutz der Privatsphäre und vor allem das Recht auf freie Berufswahl!

Doch Fleiß, Ordnung und Sauberkeit, die hochgelobten „deutschen Tugenden", sind für viele Arbeiter zum Fluch geworden. Fleiß hat so einen verführerisch positiven Klang. Anders als Faulheit. Faul klingt irgendwie nach Fäulnis. Sofort kommen einem negative Bilder in den Kopf, wie z. B. verfaultes Obst, das aussortiert werden muss. Ich habe eine Nachricht an alle, die in der Leistungsmatrix gefangen sind:

Wir wurden (und mich bis vor 6 Jahren mit einbezogen) einer Gehirnwäsche unterzogen!

Eine Gehirnwäsche, die schon in der Kindeserziehung beginnt: Die Märchen-Erzählung von Frau Holle.

Eine Kindergeschichte, bei der der Fleiß der Goldmarie belohnt und die Faulheit der Pechmarie bestraft wird. Würde diese Lügengeschichte stimmen, wäre mein Opa, der sich für das System sein ganzes Leben kaputt gearbeitet hatte, Multimillionär geworden. Nur leider war mein Opa keine Goldmarie, sondern starb mit 66 Jahren an Krebs, nach über 30 Bandscheibenoperationen durch Überarbeitung. Doch warum sind die Deutschen so geworden, wie sie sind? Wir müssen auch das warum verstehen. Ein Beispiel:

Mössinger Generalstreik

Noch am Abend des 30. Januar 1933, als Adolf Hitler zum Reichskanzler ernannt wurde, versammelten sich Mitglieder der württembergischen KPD in Mössingen zum Generalstreik (siehe Wikipedia Mössinger Generalstreik). Ziel war es, die Machtergreifung Hitlers durch einen landesweiten Generalstreik zu verhindern. Die Streikenden begannen mit den Textilfabriken, marschierten dann aber mit einigen hundert Männern und Frauen später auch zu anderen Betrieben, um Mitstreiter zu finden. Doch nur wenige ArbeiterInnen machten mit. Die verzweifelten Kommunisten rissen sogar einige der Arbeitsverliebten von ihren Webstühlen weg. Doch es half nichts. Die Unternehmer riefen die Polizei und der Streik wurde gewaltsam aufgelöst. Schande über die Streikbrecher, denn sie haben Hitler durch ihre Feigheit und falsche Arbeitsmoral erst ermöglicht!

Vor dem 2. Weltkrieg war das männliche Selbstbewusstsein eher bestimmt durch die Rolle des Mannes als Krieger. Nach der Niederlage war dieses Selbstbewusstsein zerstört. Das Deutsche Reich, bis dato ein mächtiges Imperium in Mitteleuropa, war völlig zerstört und zerstückelt in Besatzungszonen unterteilt. Flüchtlinge aus den Ostgebieten strömten in das zerstörte Deutschland. Die Menschen in den Ruinen hungerten und waren als besiegtes Volk ausgeblutet. Die Winter 1945 und 1946 in Deutschland müssen schrecklich gewesen sein. Hungernde, frierende Menschen in den Trümmern. Aus diesen schrecklichen Erlebnissen und einem Fleißethos seit der Zeit der Industrialisierung entstand eine neue Denkweise, man könnte auch sagen Mainstream: Die Nachkriegsgeneration fing an, alles Zerstörte wieder aufzubauen. Sie kompensiert auch heute noch durch Erzählungen von damals ihr zerstörtes Selbstbewusstsein mit der Aufbauleistung nach dem Krieg. Der „Mainstream" der Arbeitswut vollbrachte ein Wirtschaftswunder, das bei den Menschen auch das Gefühl weckte, dass sich Leistung ja doch lohne. – Gut, aber muss man aufbauen, wenn man nichts zerstört? Krieg zerstört. Deswegen rate ich dringlichst, zu einer friedfertigen Gesellschaft zu gelangen. Ich fordere daher konsequente Friedenspolitik. Denn es gibt immer eine Alternative zum Krieg. Wenn jemand aus der Nachkriegsgeneration mir mit seiner Arbeitsleistung und Lebensleistung kommt, dann spontan folgendes: Die Zeiten sind vorbei! Lasst uns endlich wieder gemütlicher werden und auch den Müßiggang als Teil unserer Gesellschaft akzeptieren. Nicht falsch verstehen: Der Generation unserer Eltern müssen wir Anerkennung zollen für das, was sie geleistet hat. Sie können uns aber nicht dazu zwingen, dass wir auch so leben. Wir leben in einer anderen Zeit und wollen auch anders Leben. – Das ist der Punkt!

Der arbeitswütige Mainstream der Nachkriegszeit wurde erstmals von der 68-er Studentenbewegung in Frage gestellt. Bis in den 80-er Jahre waren die Gewerkschaften in Westdeutschland sehr aktiv, was eine gewisse Menschlichkeit in die Arbeitswelt brachte. Die 37-Stunden-Woche war jedoch ein Schuss ins Ofenrohr und konnte und sich oft nicht durchsetzen. Durch die Arbeitszeitverkürzungen entstand oft noch mehr Leistungsdruck, da die Chefs nun die gleiche Arbeitsleitung in der kurzen Zeit von den Arbeitnehmern abverlangten.

Die Wende 1990 war ein Sieg des Kapitalismus über den Kommunismus, der aber zu einer bedingungslosen Wirtschaftsgläubigkeit und zum Neoliberalismus führte. Jede Kritik am Kapitalismus wurde oft als Sozialismus/Kommunismus abgestempelt und der ist ja gescheitert. Deutschstämmige Aussiedler und andere billige Arbeitskräfte aus den ehemaligen Ostblockstaaten, teils illegal angestellt und für einen Hungerlohn ausgebeutet, führten zu Auswüchsen des Lohndumpings. Schröders Agenda-Politik mit der Liberalisierung von Leiharbeitsfirmen und einem massiven Sozialabbau durch die Einführung von Harz IV öffnete der totalen Versklavung Tür und Tor. Eine Wiederkehr der Aktion: „Arbeitsscheu Reich" – siehe Wikipedia de.wikipedia.org/wiki/Aktion_„Arbeitsscheu_Reich". Der Spitzensteuersatz bei der **Einkommenssteuer in Deutschland betrug 1989 noch 56 Prozent und bis 1998 53 Prozent. Heute liegt er nur noch bei schlappen 42 Prozent (!)** und die Unternehmenssteuer/Vermögenssteuer wurde angeblich ausgesetzt oder wie ich glaube, sehr wahrscheinlich ganz abgeschafft. Und als sei das alles nicht genug, wurde auch wieder über eine Abschaffung der Gewerbesteuer diskutiert! Aber warum?! ... Sind denn etwa vor 1989 alle Reichen aus Deutschland abgewandert? Alles zum Wohle des Molochs Wirtschaft und zum Wohle des Lobbyismus, der unsere Regierung korrumpiert. Den nichts anders ist Lobbyismus: Mit dicken Geldköfferchen und psychologischen Tricks der sogenannten Berater werden politische Entscheidungen beeinflusst. Hier dazu das Buch „Spinnennetz der Macht" von Jürgen Roth. Wie der kanaanitische Gott Moloch, dem die Kanaaniter sogar ihre Babys opferten, so opfert die deutsche Regierung alles Menschliche und Soziale der ausbeuterischen Wirtschaft. Doch was bringt letzten Endes diese Wahnsinnswirtschaft? In der Ideologie des Neoliberalismus wird der Mensch entmenschlicht: Das Individuum soll wie eine Aktie funktionieren und sich auch als solche verstehen: Gezwungen zum Erfolg, muss der Einzelne möglichst viel Profit bringen, andernfalls wird die „Aktie" abgeworfen. Was das heißt, kann sich jeder vorstellen.

„Mensch: ein merkwürdiges Wesen.
Er arbeitet immer härter für das Privileg,
immer höhere Steuern zahlen zu dürfen."

George Mikes

8 „ELOI UND MORLOCKS"

Kennst du noch den Film „Die Zeitmaschine"? Die Zeitmaschine ist ein Science-Fiction-Spielfilm von Regisseur George Pal aus dem Jahr 1960.

Ein Erfinder (Schauspieler Roy Tayler) hat sich am Ende des 19. Jahrhunderts eine Zeitmaschine gebaut, mit deren Hilfe er sich in der vierten Dimension, der Zeit, bewegen kann.

Er erklärt einem Kreis von skeptischen Freunden das Prinzip dieses Geräts sehr anschaulich an einem kleineren Modell.

Nach kurzen Zwischenstopps während/in der Zeit der Weltkriege flüchtet der Zeitwissenschaftler aus dem fiktiven 3. Weltkrieg in die Zukunft und erreicht er das Jahr 802.701. Dort findet er eine Pflanzenfauna, die er vorher nie sah, und Früchte von nie gekannter Größe und Form. Eine Welt, von zwei gegensätzlichen Arten von Lebewesen menschlicher Abstammung bewohnt, die sich im Verlauf von Jahrtausenden aus den beiden extremen Gesellschaftsklassen zu zwei Menschenrassen weiterentwickelt haben: Den oberirdisch lebenden Eloi und den unterirdischen Morlocks. Die Eloi leben scheinbar sorgenfrei und glücklich, aber völlig unreflektiert in einer paradiesischen Umgebung. Sie sehen ähnlich aus wie heutigen Menschen und scheinen alle relativ jung zu sein. Es ist dem Betrachter anfangs unverständlich, wer sie ernährt und kleidet, da sie offensichtlich nie zu arbeiten brauchen. Andererseits scheint eine namenlose Furcht vor der Dunkelheit, besonders in den mondlosen Nächten, ihrer Idylle entgegenzustehen. Die Morlocks, nach Empfinden des Zeitreisenden und Erzählers hässliche, affenartige, menschenfressende Wesen mit bläulicher Haut, hausen in unterirdischen Höhlen. Als der Zeitreisende einen Höhleneingang findet, klettert er hinunter und findet dort die unterirdische Welt der Morlocks. Dann stellt er fest, dass sie dort riesige Maschinen betreiben und auf diese Weise das Leben der oberirdischen Eloi ermöglichen und erhalten. Anfangs scheint es ihm, als seien sie deren Sklaven, so wie in der Vergangenheit die Arbeiterklasse ausgebeutet wurde und den Wohlstand der oberen Klassen sicherte. Allmählich aber dämmert ihm, dass sich das Verhältnis inzwischen umgekehrt hat. Die Morlocks halten sich die Eloi wie der Bauer das Vieh, sie sorgen für ihr leibliches Wohl, weil sie sie als Nahrung brauchen. In den dunklen Nächten holen sie sich oben ihre Mahlzeiten. Es ist klar, dass ein gesellschaftlich akzeptierter Film wie „Die Zeitmaschine" den Elois ihr paradiesisches Leben, frei von jeglicher Arbeit, nicht einfach konsequenzlos durchgehen lassen darf. Nein, ein übler Preis für das Faulenzen an der Sonne muss her – das eigene Leben! Ein Leben, das mit einem bestimmten Alter durch gefressen werden endet.

Diese Menschenrassen sind auch heute noch zu beobachten und grob in diese zwei Kategorien zu unterteilen/umschreiben:

Die Elois

... sind spirituell und daher **eher** alternativ zur Gesellschaft (das sind so die typischen): Hippies, Ökofreaks, Tierschützer, Fahrradfahrer, Jobdeserteure, Müßiggänger, Wanderprediger, Nichtraucher, Humanisten, Friedfertige, Tolerante, Vegetarier, Asketen, Heilfaster, Kiffer, Spirituelle-/Sinnsucher, Meditierender, Konsumverweigerer, Aussteiger, (neue) Lebensreformer und andere „Spinner" aus Sicht der „Morlocks". Allgemein gesagt: Menschen mit einem höher entwickelten Bewusstsein und die, die diese Welt zu einem besseren Ort machen. Hierzu empfehle ich auch den Film: „Der grüne Planet".

Und

Die Morlocks

Der **eher** materiellen Gesellschaft angepasst: Geldgeile, Kapitalisten, Intolerante, Mobber, Bauern, Duckmäuser, Sozialdarwinisten, die nach oben Kriechenden und nach unten Tretenden,

Geizhälse, Neider, Bildzeitung-Lesende, Stammtischhetzer, Gewalttätige, Workaholics, Autofreaks (und Raser), Fußballverrückte, Säufer, Kettenraucher und Fleischesser, die „nervige Geißel Gottes" für jeden Eloi. Menschen mit einem eher niedrig entwickelten Bewusstsein.

Es gibt natürlich Überschneidungen und die Grenzen zwischen Morlocks und Elois sind fließend. Finstere Morlocks, die in unterirdischen Höhlen die Maschinen benutzen und bedienen, das erinnert mich sehr an meine Zeit, als ich in einer Metallbaufirma im Einsatz war. Schwäbische Metallbaufirmen sind absolutes Morlock-Land. Nirgendwo findet man mehr Intoleranz, Dummheit und materielle Abhängigkeit als in einer typischen süddeutschen Metallbaufirma. Kollegen mit bäuerlichen Manieren und mit null Toleranz gegenüber allem, was anders ist. Sei es die Kleidung, das äußerliche Erscheinungsbild oder die Einstellung. Alles wird kritisch am neuen Kollegen beurteilt. Beschränktes und kleinkariertes Denken nonstop. Ein Alptraum!

„Die Arbeit ist etwas Unnatürliches.
Die Faulheit allein ist göttlich."

Anatole France

„Wir leben in einer Zeit, die zu viel arbeitet
und zu wenig erzogen ist, in einer Zeit,
wo die Leute vor Fleiß blödsinnig werden."

Oscar Wilde (1854–1900),
ir. Schriftsteller

9 DAS LEBEN IN DER KAPITALISTISCHEN „LEISTUNGSMATRIX"

Mein Vater erlebte als Bauernkind den Leistungswahn in der Landwirtschaft und wurde nach seiner Lehre als Maschinenbauer in einer Metallfirma Berufssoldat bei der Bundeswehr. Mein alter Herr war ein sehr kritischer und hartherziger Mensch. Man kann sich vorstellen, dass Druck in meiner Kindheit an der Tagesordnung war. Doch innerlich wehrte sich meine Seele gegen diesen Druck. Wohlwissend, dass ich es meinem Vater eh nicht recht machen konnte, egal wie ich mich bemühte. (Update: Ich konnte meinem Vater verzeihen und hatte vor seinem Tod ein gutes Verhältnis zu ihm. Dafür bin ich Gott dankbar.)

Diese Erfahrung bestätigte sich später in der Arbeitswelt, was bei mir zu schweren seelischen Problemen führte. Fleiß wird nicht belohnt, sondern lediglich ausgenutzt. Ich erlebte eines Tages ein großes Drama in dem Dorf, in dem ich geboren wurde: Ein Landwirt schlug seine eigene Mutter so sehr, dass sie ins Krankenhaus musste. Der Vorfall war ein großes Gesprächsthema im Dorf und jeder fragte sich: Warum? Die Antwort, und das ist leider die Wahrheit:

Die Geschwister des Landwirts wollten den Hof nicht bewirtschaften und zogen in die Stadt.

Der besagte Sohn blieb, nach dem er der Verheißung seiner Mutter glaubte, er würde den Hof beerben (dieser war im Besitz der Mutter), wenn er nur fleißig sei. Jahrzehnte lang schuftete dieser Mann bis zum Umfallen ohne Lohn, immer in der Hoffnung, das Gut beerben zu können. Doch die Mutter hatte andere Pläne: Geld scheffeln! Sie verkaufte nun plötzlich den Hof und der sonst so gutmütige Sohn drehte durch! Er schlug mit einer unglaublichen Entäuschungswut auf seine Mutter ein! Das ist die traurige Wahrheit: Der gutmütige „Schaffer" ist meistens der ausgenutzte Dumme.

So funktioniert leider der Gewinner-Verlierer Kapitalismus, der die Menschen zur Geldgier verleitet.

Was man von den Eltern mitbekommt, ist zudem kaum hilfreich auf dem Weg zur Freiheit. Die Gehirnwäsche funktioniert durch gebetsmühlenartige Wiederholung: *„Werde erwachsen"*, *„Du musst Leistung bringen"*, *„Kämpfe" „Du musst dich anpassen"*, *„Mache, was man dir sagt"*, *„Lehrjahre sind eben keine Herrenjahre"*, *„Das musst du durchstehen" (die massiven Zumutungen in der Arbeit)*, *„Du musst dem Chef in den Hintern kriechen wenn du hoch kommen willst (nach oben kriechen, nach unten treten)"*, *„Wenn man will, kann man alles."*

Ratschläge, die ich heute nicht einmal meinem schlimmsten Feind geben würde. Es erinnert irgendwie an den **Film „Sie leben" von John Carpenter,** in dem böse Außerirdische die Menschen mit subtilen Mitteln versklaven: *„Gehorche!"*, *„Konsumiere!"*, *„Schlafe weiter!"* oder *„Sieh fern!"*, auf Geldscheinen steht: *„Das ist dein Gott!"*, in einer Zeitschrift sind die Worte *„Stelle keine Autoritäten in Frage!"* zu lesen. Der Film zeigt die Wahrheit. Nur, dass es keine Außerirdischen sind, sondern dass die Menschen sich selbst versklaven. Oder gibt vielleicht doch Reptiloide (Reptos), Archonten und Graue, die diese Welt in Wahrheit regieren, wie es so manche Verschwörungstheoretiker vermuten? ...

Ein weiter **Film, der vor kurzem in den Kinos lief, heißt: „Frohes Schaffen" von Konstantin Faigle:** Endlich kommt einmal die Wahrheit ans Licht über den Irrsinn des Profitstrebens in der kapitalistischen Leistungsgesellschaft. Eine Gesellschaft, die uns alle zu Sklaven des Geldes und des Konsums macht. – Freiheit für die Müßiggänger!!! Vielleicht kennen Sie den pazifistischen Aufkleber über die Bundeswehr: *Beim Bund ist alles doof. Befehle gehorchen – doof, Landminen doof* usw. Das gleiche sage ich über die deutsche Arbeitswelt:

In der Arbeitswelt ist alles doof: Chef – doof, schlechte Bezahlung – doof, lange Arbeitszeiten – doof, Arbeitsmaterialien – doof, Schichten und Frühaufstehen – doof, „mobbige" Kollegen – doof, keine Anerkennung und Respekt bekommen – doof, zu hoher Leistungs-

druck – doof usw. usw. Zudem ist alles gesundheitsgefährdend und frustrierend – doof!

Wer (wenn er nicht der ständigen Gehirnwäsche ausgesetzt) würde sich freiwillig dieser Tortur aussetzen? Je weniger man arbeitet, desto glücklicher lebt man doch.

In Japan, das als fleißigstes Land der Erde gilt (geleistete Überstunden), ist die Selbstmordqoute am höchsten. In Ländern, in denen Vergleichsweise sehr wenig gearbeitet und geleistet wird wie z. B. in Malta und in den arabischen sowie auch nordafrikanischen Ländern, ist die Selbstmordrate am niedrigsten!

Von meinem Vater wurde ich gezwungen, eine Lehre zu machen, die mir keinen Spaß machte und die nicht zu mir passte. Als ich zum ersten Mal zu arbeiten anfing, dachte ich, dass ich in der Hölle gelandet bin: Ich stehe da, in einer lauten Halle und draußen scheint die Sonne und die Blumen blühen. „Arbeit – was für eine sinnlose Zeitverschwendung", dachte ich mir.

Als Lehrling musste ich erdulden, dass fast alle „Mitarbeiter", besonders die Lehrlinge des älteren Lehrgangs, kaum zu übertreffen waren in ihrer Wichtigtuerei und Falschheit. Jeder von ihnen spielte sich als Chef auf und das „in die Pfanne hauen" der Neuen war ein traditioneller Volkssport. „Lehrjahre sind keine Herrenjahre!" Auch wieder ein Sprichwort, mit denen die Herrschenden gerade junge Menschen zu duckmäuserischen Sklaven im Hamsterrad machen wollen.

Ich baute in meiner Lehrzeit seelisch und moralisch immer weiter ab und wurde immer mehr ein sehr ängstlicher, kranker und unglücklicher Mensch. Ich hatte auch das große Pech, dass ich mit falschen Leuten zusammen war, die meine Situation mit ihren falschen Ratschlägen noch mehr verschlimmerten. Doch dem Dolchstoß von vorn durch das Mobbing an der Arbeitsstelle folgte die Erdolchung in der Familie von hinten durch meinen Vater und der von der Leistungsgesellschaft überzeugten Verwandtschaft. Ich sollte trotz meiner allergischen Erkrankung Arbeitsstellen annehmen, bei denen ich wieder mit allergieauslösenden Stoffen in Kontakt gekommen wäre und auch gekommen bin. Doch egal, wie fleißig ich war, ich bekam selten Anerkennung. Wichtig ist auch, zu wissen, dass du durch fremdbestimmtes Arbeiten niemals Selbstbewusstsein aufbauen kannst, denn **kein** profitorientierter Arbeitgeber ist an deinem Mut interessiert. Im Gegenteil: Die Mehrzahl der Arbeitgeber glaubt, dass Arbeiter unter Druck und mit Angst mehr Leistung bringen. Ob ein Arbeiter sich gut fühlt, war noch nie von Interesse. Das Motto: „Vogel friss oder stirb." Meine „bucklige Verwandtschaft" interessierte sich nur dafür, dass ich ja arbeiten ging und niemandem auf der Tasche lag. Und ach ja, fast hätte ich es vergessen: Das ich auch ja einen Autoführerschein machte. Als ob es so wichtig sei, ein Zertifikat in der Hand zu haben, zum Führen einer gefährlichen, im Unterhalt teuren und umweltschädlichen „Drecksschleuder" namens Auto. Ich habe mir eines geschworen: Bei meinem Kind werde ich es anders machen und ihm beibringen, was wirklich zählt: Spirituelle Weiterentwicklung zur globalen Verantwortlichkeit.

„Wie jeder vernünftige und empfindsame
Mensch verabscheue ich Arbeit."

Aldous Huxley (1894–1963),
engl. Schriftsteller

10   LEIHARBEIT – DIE MODERNE SKLAVEREI

Diese perfide Erfindung des Kapitalismus brachte uns die Sklaverei in einem modernen Antlitz zurück. Auch ich landete bei diversen Zeitarbeitsfirmen: Da ich mich mit Zeitarbeitsfirmen noch nicht auskannte, hielt ich das System des modernen Menschenhandels anfangs sogar für eine gute Sache: Man kommt schnell in Arbeit, verschiedene Berufe kann ich kennen lernen und wirtschaftlich macht das ganze ja Sinn. Immerhin können durch Leiharbeit Auftragsspitzen in den Betrieben abgedeckt werden. Nur wie das System oft ausgenutzt wird, war mir am Anfang allerdings nicht klar. Für schlechte Behandlung seitens der festangestellten Kollegen gab es zu allem Verdruss auch noch einen schlechten Lohn. „Entliehen" wird man als Leiharbeiter in Firmen, die oft wie moderne Konzentrationslager (KZ) funktionieren: Totale Überwachung und ein Bespitzelungssystem sorgen für ständige Angst und Misstrauen innerhalb der Belegschaft. Ich arbeitete Schicht, konnte kaum noch meine Miete bezahlen, hatte Versicherungen, Bausparvertrag, Altersvorsorge und Auto. Irgendwann war das alles nicht mehr finanzierbar. Mein Auto war gebraucht und ständig kaputt. Mal der Motor, mal die Lager, mal die Lichtmaschine und dann wieder der Auspuff. Zudem, dass man von Reparaturwerkstätten oft abgezockt wird, steigen die Spritpreise immer weiter. Ich arbeitete Schicht, hatte meine Zahlungen. Oft hatte ich trotz Arbeit und Sparsamkeit immer mehr Schulden. Ein neues Auto konnte ich mir nicht leisten, musste mich aber weiterhin mit meiner alten „Schrottkiste" herumplagen. Zudem sollte ich gegen ein geringes Fahrtgeld auch noch Arbeitskollegen von zu Hause abholen. Zumutungen über Zumutungen. Arbeiten – zahlen, zahlen und wieder arbeiten. Was bleibt da noch für mich in diesem Teufelskreis?

Als ich arbeitslos wurde und wegen meines total überzogenen Kontos beim Schuldnerberater landete, gab mir das den Rest. Das alles konnte doch nicht mein Leben sein. Das Schlimme ist auch: Je weniger du bei einer Arbeitsstelle verdient hast, desto weniger bekommst du Arbeitslosengeld und bist somit wieder umso mehr erpressbar. Eine Zeitarbeitsfirma wollte mich kurz nach meiner Entlassung (und kurz nach dem ich beim Arbeitsamt den ganzen „Antragshickhack" durchhatte) wieder einstellen. Doch dies bei noch weniger Lohn als vor der Kündigung und ohne langfristige Perspektive des Einsatzes. Somit wäre bei Kündigung mein Arbeitslosengeld-Anspruch weiter in die Tiefe gegangen! Nicht nur das: Auch der Rentenanspruch geht weiter in die Tiefe, je weniger man verdient. Schockierend war auch die ARD-Dokumentation über den Onlineversandhändler Amazon, der Leiharbeiter systematisch ausbeutete: Siehe: ARD-Dokumentation: „Wie Amazon Leiharbeiter kaserniert".

www.spiegel.de › Wirtschaft › Unternehmen & Märkte › Amazon Arbeit ruiniert!
Was können wir dagegen tun?

„Wenn Sie zu lange zu hart arbeiten,
kriegen Sie ein weiches Hirn."

Lee Iacocca (*1924), amerik. Topmanager,
1979–92 Vorstandsvors. Chrysler Corp.

TEIL 2

Was wir gegen die Kacke tun können

11 SCHNAUZE VOLL! – EIN MANN STEIGT AUS!

Er wälzte sich unruhig im Bett hin und her. Sein bisheriges Leben zog in Bildern vor seinem geistigen Auge vorbei. Die Bilder gaben seinem Gehirn neue Nahrung zu Gedanken, die abseits der Norm waren. Wie Roboter schlichen, rannten, gehorchten und zitterten die Menschen in seinem Umfeld. Keiner wagte, sich den mal mehr, mal weniger sinnlosen und unfreundlichen Befehlen von Chefs, oder von denen, die meinten, einer zu sein, mittels guter Gedanken, geschweige denn gar durch „Befehlsverweigerung" und Widersetzungen anderer Art entgegenzustellen.

Alle, die er kannte, waren von Angst, Konsumgier, Ignoranz, Hilflosigkeit und Automatismus gesteuert. Festgefahrene, erziehungstechnisch übernommene Verhaltens- und Denkweisen bewirkten die Einstellung: „Nur wer etwas vorweisen kann im materiellen Sinne, ist ein Mensch von Wert. Was kann ein Mensch schon zu bieten haben, wenn er kein Geld, keine Arbeit – nichts Materielles hat?" Aber wer ist nun wirklich arm? Die, die sich von den oben genannten Faktoren leiten und manipulieren lassen? Die für großes Autos, einen hohen Lebensstandard, die einen Höhenflug, leider aber auch oft vielerorts den tiefen Fall bringen, die Gesundheit ruinieren? Ihre Familien zu Fall bringen, weil sie glauben, alles haben oder ihren Kindern alles, aber auch alles bieten zu müssen und dadurch immer weniger Zeit bleibt, um sich mit dem Nachwuchs und/oder dem Partner zu beschäftigen? „Nein, nicht alle Menschen der Gesellschaft sind so", dachte er sich. Aber schon eine große Zahl. Die anderen haben keine Arbeit, fühlen sich mit zunehmendem Maße nutzlos. Nicht zuletzt durch die „Haste was, biste was"-Doktrin. Die, die Kinder haben, setzen sie auch oft vor den Fernseher, die Playstation oder den PC. „Sie meinen, wenn

man den Kindern nichts bieten kann, z. B.: Tierpark, Action-
park, Kino usw., dann kann man es auch gleich bleibenlassen.
Radtouren mit Picknick, oder Spaziergänge, Gesellschaftsspie-
le, die nichts kosten, machen doch keinen Spaß." Auch sie sind
infiziert von dem Glauben, keinen wirklichen „Wert" zu haben.
Nein, der Mann in unserer Geschichte wollte nicht weiter im
Hamsterrad rennen.

Inzwischen hatte er schon genug in der Arbeitswelt erlebt:
Mobbing, Erpressungen, Schikanen der Arbeitgeber und diver-
ses mehr. In weniger als zwei Stunden würde sein Wecker mit
seinem Geklingel das Zeichen zum Aufstehen geben. Aber wo-
für Aufstehen? Nun war er von Haus aus ein Frühaufsteher.
Doch nur aufstehen, um weiterhin seinem Chef die Millionen
und Milliardengewinne zu bringen, während er nur den kleins-
ten Zipfel der „Geldwurst" abbekam, bei immer mehr geforder-
ter Leistung, war nicht mehr einzusehen. Er musste Zeit gewin-
nen. Sich krankmelden? Sein schlechtes Gewissen gegenüber
den Kollegen regte sich nur kurz:

Sollten doch diese Duckmäuser und Speichellecker weiterhin für ein Taschengeld ackern. Wieder kroch die Wut in ihm
hoch. Diese Ignoranten! Die zweite Möglichkeit war, einfach
zu seinem Chef zu gehen und einfach fristlos zu kündigen. Ein
paar Tage Urlaub hatte er noch. Den Rest ... es war ihm egal.
Er würde aussteigen aus dieser Leitungsgesellschaft. Verzichten hatte er gelernt, als er ein paar Jahre arbeitslos gewesen
war. Das Geld, das jeder „gnädigerweise" vom Amt bekommt,
der das Pech hat, zuhause zu sein, reicht zum Leben und zum
Sterben nicht. Aber er brauchte ja auch keinen großartigen Lebensstandard. Sein Auto hatte er schon vor einiger Zeit abgeschafft. Er unterstützte die Erdölkonzerne nicht mehr, die mit
ihren Launen die Preise diktieren, die mehrmals am Tage auf-
und niedergehen. Aber auch keine Autowerkstätten, Versicherungen und Finanzämter, die mit ihren ewigen Zahlungsforde-
rungen Löcher in seinen Geldbeutel rissen. Er war Single und
hatte einfach keine Lust, für sich alleine zu kochen und schon
gar nicht alleine zu essen. Wenn er nachrechnete, kostete das

„Selbstkochen" bei den zurzeit herrschenden Lebensmittelpreisen ohnehin fast genauso viel, wie wenn er in seiner Lieblingsbäckerei aß. Mit einem 5er oder auch mal einer Kleinigkeit mehr war er immer dabei ...

Seine Gedanken wurden jäh gestört von dem Geklingel des Weckers.

Er drückte den „Stopp" Knopf des „Störenfrieds", legte sich auf den Rücken und gab sich seinen weiteren Gedanken und Plänen hin. Er, als Single, würde immer alleine durchkommen als:

AUSSTEIGER!

Niemand würde mehr über ihn bestimmen, wie lange, viel und/ oder schwer er arbeiten müsste. Wenn er sich für diesen Weg entschied, war für ihn fast klar, dass er allein bleiben musste. Seine Erfahrungen mit Frauen waren schon in seinen Zeiten, als er noch Arbeit, Geld, Auto und all diesen Schnickschnack der Konsumwelt gehabt hatte, nicht die besten gewesen. Wer will heute noch auf was verzichten? Und jetzt, wo er die Abkehr von der Konsumwelt vorbereitete, sollten die Chancen größer sein, eine Lebensgefährtin zu finden, die mit ihm den Weg ohne Laptop, schicker Kleidung, Klunker, Kino, großes Auto etc. gehen würde? Alles wird heute vom Großteil der Gesellschaft als selbstverständlich angesehen: Fließendes Wasser, Kanalisation, genug zu essen, Überfluss in allen Dingen. Aber die Zufriedenheit hat sich nicht eingestellt.

Er lag da – immer noch auf dem Rücken –, überlegend, wie er jetzt vorgehen wollte. Ja, er würde zu seinem Chef gehen und ihm sagen, dass es ihm reiche und er ab sofort nicht mehr der Sklave sein wollte.

Mechanisch stand er auf, verschlafen rieb er seine Augen, gähnte kurz und schlurfte ins Bad. Dort schaute er in den Spiegel und sah einen mit verknautschtem Gesicht und zerzauster Frisur stehenden Mitvierziger, der in Shorts und T-Shirt seine Morgentoilette verrichten wollte.

Er wusch sich, putzte die Zähne. Ah, was für ein frisches, waches Gefühl.

Er war voller Tatendrang. Ein schnelles Frühstück, aus einer Butterbrezel und einem heißen Kakao bestehend, noch schnell weggeputzt, dann den nächsten Bus Richtung Stadtmitte zu seiner Firma.

An der „Haltestelle" am „Wäldchen" stieg er aus. Total sinnfrei, die Haltestelle so zu nennen, überlegte er noch, da weit und breit kein Baum zu sehen war. Nur vereinzelte Buschwerke verteilten sich auf dem breiten Grünstreifen, an dem er in Gedanken versunken entlang ging. Nun, etwas Angst beschlich ihn schon ob seinem Vorhaben, dieser Firma, wo er nun doch jetzt immerhin fünfeinhalb Jahre gearbeitet hatte, Lebewohl zu sagen.

Nein – er wollte <u>seinen</u> neuen Weg beschreiten. Deshalb musste er nun erst einmal die alten Pfade verlassen, die er gewohnt war. Die Angst wich einem emotionalen Gemisch aus: Trotz, Wut, Entschlossenheit und dem festen Willen, Neues zu beginnen. Er waren genau zwei Treppen, die Udo ersteigen musste, um an das nun geöffnete riesige Portal der Firma Witzenmann & Co zu gelangen. Er ging durch den langen Gang an vielen Zimmern vorbei.

An einem Raum mit der Aufschrift „Personalstelle" machte er halt und klopfte. Nach zwei erfolglosen Versuchen – ein einladendes: „Herein!" hörend, drückte er beherzt die Klinke hinunter und öffnete die Tür.

„Hat irgend jemand gesagt, dass Sie eintreten dürfen?", ließ sich eine ärgerliche Stimme auch durch die geöffnete Tür des Nebenzimmers vernehmen. „Warten Sie einen Moment draußen. Ich hole Sie gleich rein!" Udo schloss die Tür. Die Stimme gehörte dem Personalchef Herrn Pflastermeier. Einem nicht eben freundlichen Zeitgenossen, der je nach Laune mal bei Personalproblemen „Gnade" walten ließ oder aber die betreffenden Personen schroff und von oben herab „abfertigte".

Auf dem Gang auf und ab gehend, jagte in Udos Kopf ein Gedanke den Nächsten …

Von Stefan Koralles

Wird Udo seinen Traum wahrmachen und dem Chef endlich sagen, dass er seinen Mist alleine machen kann?

Was hindert ihn?

Sind es die Computerspiele, die er jeden Abend zockte, oder der Urlaub, den er geplant hatte?

Die Angst, das annehmliche Leben mit Dach über dem Kopf zu verlieren?

Wird er als Landstreicher leben und im Winter frieren?

Vielleicht kann er auch ganz bequem eine reiche Oma finden, sie pflegen, sich um sie kümmern, dafür Geld bekommen und evtl. auch bei ihr wohnen?

Oder sollte er sich selbständig machen?

Dennoch drängt es ihn sehr, endlich Schluss zu machen mit dem alten Leben.

Er spürt innerlich, dass es das Richtige ist, auszusteigen aus der bürgerlichen Matrix der Zwangssysteme.

*„Tu, was du liebst und du musst
keinen Tag mehr arbeiten."*

Konfuzius

12 DIE ERSTEN SCHRITTE ZUM AUSSTIEG. RAUS AUS DEM HAMSTERRAD!

Welche Möglichkeiten gibt es, sich aus der üblichen Lohnsklaverei zu befreien?

Was kann man tun?

Auswege!
3 Dinge solltest du als Voraussetzungen besitzen:

1. Ein wenig Erfindungs- und Ideenreichtum.
2. Bereitschaft zum Verzicht und Sparsamkeit.
3. Selbstvertrauen und Mut zur Veränderung.
4. Flexibilität.

Konsum einschränken/verändern

Was braucht man und was braucht man nicht. Nun, der menschliche Körper braucht Nahrung, Schutz und ein Minimum an körperlicher Pflege (Hygiene), sonst wird er krank. Er muss schlafen und will Sex. Der Körper produziert Angst und hat einen Selbsterhaltungstrieb. Körperliche Bedürfnisse lassen sich jedoch abtrainieren durch: Bescheidenheit (Sparen), Enthaltsamkeit, Fasten und abhärten (Wechselduschen, Kneippkur etc.). Nichts mehr wollen und mit jeder Situation zufrieden sein, im Moment leben. Den Konsum kann man einschränken und schont damit auch die Ressourcen, die Umwelt und den Geldbeutel. Ich will von niemanden hören: „Das kann ich nicht!" Oder „Ich brauch doch mein neues Auto/Kleidung, Urlaub etc." Warum belügen sich die Leute selbst? Es stimmt doch nicht. Ich brauche den ganzen Konsummist doch auch nicht und lebe glücklich! Und viele Konsumverweigerer leben es vor. Also will jemand überhaupt sich ändern, wenn Er/Sie so redet?

Wer nicht darüber nachdenken will, dass er mit seinem Konsumverhalten Mitschuld hat an der Ausbeutung von Menschen, Tieren, Rohstoffen und der Zerstörung von Mutter Natur, der macht sich meines Erachtens eines Verbrechens mitschuldig. Ich brauch halt: Den und den Scheiß. Stellen dir sich mal vor, ein Bankräuber würde zum Richter sagen: „Sie müssen halt verstehen Herr Richter: Ich brauch' halt den Kick, Banken zu überfallen." Eine äußerst schlechte Verteidigung! Der Richter würde den Bankräuber für eine Gefahr für die Gesellschaft ansehen und ihn so lange wie möglich einsperren. Ist doch klar. Der Bankräuber will sich ja gar nicht ändern. Also mir ist es wichtig, bewusst und sinnvoll zu leben und nicht vor lauter Fußball, RTL, DSDS und Bildzeitung wie ein Huhn blind durch die Gegend zu tackern.

Geld, das nicht ausgegeben wird, muss nicht verdient werden!
Wir müssen eh „kleinere Brötchen backen", denn stimmen die Prognosen der Ökonomen, wird die alternde Bevölkerung die Sozialausgaben, sprich: Renten, Kranken und Pflegeversicherung (Sozialklimbim), in den nächsten Jahren massiv anziehen lassen. Im Jahr 2040 könnten die Gesamtausgaben von Steuern und Beiträgen dann bei 75 % des Bruttolohns liegen. Ob sich noch lohnt zu arbeiten, fragen sich schon heute immer mehr Menschen.

(Auszüge aus Asket-Strategie. *„Die Kunst, mit wenig Geld glücklich zu leben"* von Felix Konradin.)

Ich unterscheide zwischen Teilausstieg **Downshifting,** bei dem der Mensch noch Kontakt zu der Gesellschaft hat, aber ein bescheidenes Leben führt mit weniger Konsum/Arbeit freier und unabhängiger ist.

Und dem **Vollausstieg.** Völlig unabhängig von der Gesellschaft leben, oder ganz ohne Geld wie z. B. der Waldmensch Öff! Öff! alias Jürgen Wagner.

Es gibt aber auch verschiedene Aussteigermodelle, die sich überschneiden. Dazu mehr im Kapitel 5 Aussteigermodelle im Überblick.

Vorab möchte ich noch einmal darauf hinweisen

Es geht auch um Verzicht auf unnötige und stressauslösende Dinge, wie Statussymbole und Luxus. Ich will niemand sein bürgerliches Nest wegnehmen. Würde mich aber auch freuen, wenn es immer mehr Menschen gibt, die den Konsumverzicht noch konsequenter vorantreiben als ich es tue. Ich selber betreibe im Moment noch den Teilausstieg, kann mir aber trotzdem alle meine wichtigen Wünsche erfüllen. Meine Lebensqualität hat sich dadurch nicht verschlechtert, sondern im Gegenteil enorm verbessert! Allerdings bin ich kein „Aussteiger total", wie der aus dem TV bekannte „Öff Öff", der im Wald nur noch von der Natur lebt und sogar dem Geld ganz abgeschworen hat. Wer jedoch an all seinen Gewohnheiten und seiner Sicherheit hängt, sich aber dieses Buch kauft und aussteigen möchte, gleicht einem Abnehmwilligen, der jeden Diätplan ablehnt, weil ihm Fett bzw. kohlenhydratreiches Essen so sehr schmeckt.

Die Pflichtversicherungen: Kranken-, Pflege-, Unfall- und Arbeitslosenversicherungen, dazu noch Rundfunkgebühren, Stromanbieter und Telefon, saugen dem hart arbeitenden Proletarier schon genug Blut aus den Adern. Mach endlich Schluss damit!

Und nun geht's los!

Am besten nimmst du Urlaub, und zwar möglichst den ganzen Jahresurlaub am Stück. Du fliegst aber nicht weg in ein anderes Land, sondern bleibst zu Hause. So kannst du am besten das Leben ohne Arbeit erproben und sehen, ob es dir zusagt.

Hast du schon mal Heilfasten gemacht?

Die meisten unnützen Ausgaben, erkannte ich beim Fasten, in Kombination mit Meditation. Kaufe dir Bücher mit entsprechender Anleitung zu Meditationen und Fasten, wie z. B. „Wie neugeboren durch Fasten". Ein Buch von Hellmut Lützner. Nimm dir eine Auszeit von min. 1–2 Wochen, um zu fasten und zu meditieren. Natürlich nur, wenn du gesundheitlich dazu in der Lage bist.

Als erste Aufgabe solltest du so oft wie möglich mit deinen Kontoauszüge buchhalten.

Reduziere die monatlichen Ausgaben möglichst radikal!

Schaue dir deine Ausgaben in einem entspannten Zustand genau an. Was ist wirklich lebensnotwendig? Und nun wecke ausnahmsweise mal den Pessimisten in dir, was die Notwendigkeit der Ausgaben anbelangt. Brauche ich wirklich zwei Lebensversicherungen? – Was spricht alles dagegen? Suche nach Argumenten, die dies verneinen könnten. Brauche ich wirklich ein Auto, wenn ich in der Stadt wohne? Brauche ich wirklich die Ausgaben fürs Fitnessstudio, wenn ich mir doch durch eine Einmalzahlung die Hantel und das Laufrad in den Keller holen kann? Sage den monatlichen Beiträgen den Kampf an!

Dispo verringern
Wusstest du, dass du für die Überziehung eines Kontos oft bis zu 18 % Zinsen zahlst? Mit deinem Dispo verstärkst du die Macht der Banken und die verdienen sich dumm und dämlich an deinem hart erarbeiteten Geld. Reduziere deinen Dispo schrittweise – Ziel: 0! So wirst du auch automatisch immer disziplinierter im Umgang mit Geld.

Melde dein Auto ab!
Autos sind aus drei Dingen abzulehnen:

1. Autos verschmutzen die Umwelt
2. Autos können durch verantwortungsloses Führen eine Gefahr für sich und andere sein.
3. **Autos kosten im Unterhalt sehr viel Geld!**

Ich weiß noch, wie es war, als ich ein Auto besaß. Zudem, dass ich von meiner Zeitarbeit in weiter Ferne eingesetzt wurde, musste ich auch noch Mitfahrer mitnehmen. Das alles für ein mickriges Fahrgeld. Dafür durfte ich früh aufstehen, mehrere Orte abfahren und die Kollegen aus dem Haus klingeln.

Das meiste, was du durch Arbeit erwirtschaftest, geht nach den Unkosten für die Wohnung (Miete, Heizkosten) für die „Karre" drauf. Also – weg damit!

Auch ich fahre schon seit etlichen Jahren kein Auto mehr, einfach weil ich die horrenden Kosten (Sprit, Autoreparaturen und Wartung) nicht mehr einsehen kann. Trotzdem bin ich bisher immer überall hinkommen. Es gibt doch Fahrrad, Busse, Bahn und außerdem habe ich noch gesunde Füße. Und ist meine Arbeitsstelle nicht in der Nähe, dann ziehe ich eben, wenn irgendwie möglich, zur Arbeitsstelle hin. Ein Verzicht auf das Auto entschleunigt wortwörtlich das Leben. Autos sind der Inbegriff für den Fortschrittswahn: Immer schneller, immer weiter, immer noch mehr PS. Warst du schon einmal in der Fahrradnation Holland? Einige Städte in Holland sind ein wahres Paradies für Menschen wie mich: Kaum Autos, kaum Straßenlärm und die Luft ist viel sauberer. Fürs Einkaufen ist ein Anhänger gut, der hinten am Fahrrad als Transportmittel festmontiert wird. Diese wiederum sind günstig zu haben im Internet (außerdem ist den Niederlanden Cannabis legal).

Flüge in andere Länder solltest du aus folgenden Gründen meiden, so gut es geht:

1. Es ist bekannt, dass kaum ein Mensch im Urlaub wirklich entspannt. Nichts Stressigeres gibt es wie in den Urlaub zu fliegen: Schlange stehen, Zeitdruck, lange Wartezeiten, Massenabfertigung am Flughafen und aufgeregte Kinder, die man ständig im Auge behalten muss.

2. Dass deutsche Urlauber auch noch so doof sind, ihr eh schon hart erarbeitendes Geld leichtfertig ausgeben und im Ausland von den Einheimischen ausgenommen werden wie eine Weihnachtsgans, müsste doch mehr als deprimierend sein. Mach doch lieber Urlaub in der Heimat. Es gibt wunderschöne Flecke auch in Deutschland. Oder, wenn du die Sonne liebst: Wa-

rum nicht zum Lieblingsurlaubsziel auswandern? Wenn du z. B. gute Sprachkenntnisse besitzt, könntest du in einem Land wie Ägypten locker als Deutschlehrer/in zu arbeiten beginnen. In diesem Fall empfehle ich dir: Nimm im Internet Kontakt zu einem Auswanderer- Coach auf und lassen dich beraten.

3. Langstreckenflüge in die vermeintliche „Erholung", belasten die Umwelt, oder um es religiös auszudrücken: Wir zerstören die göttliche Schöpfung und zeigen keinen Respekt vor selbiger.

   Warum immer teuer dort hinfliegen und das Ozonloch zerstören, wenn man doch gleich Im Lieblingsurlaubsort leben könnte?

4. Zudem weiß man von giftigen Dämpfen, denen die Passagiere in den Flugzeugen ausgesetzt werden und die der Gesundheit erheblich schaden.

   Siehe Internet: Giftige Luft in Flugzeugen könnte tödlich sein – Die Welt

   www.welt.de › Panorama

   oder:

   Giftige Dämpfe an Bord von Flugzeugen – Focus

   www.focus.de › Reisen › Fliegen

NÄCHSTER PUNKT

Handy

Besorge dir ein Handy mit Aufladekarte. So hast du mehr Kostenkontrolle und bist an keinen Vertrag gebunden. Auch der Stress und der Ärger mit überhöhten Rechnungen entfallen. Wenn du einen Vertrag hast und ihn kündigen willst, dann musst du oft ein Jahr warten. Wenn du in der Zeit noch Schulden hast, ist das schlecht!

Internet

Du kannst Geld sparen, indem du dein Internet abstellst und stattdessen dich einmal in der Woche in ein Internetkaffee begibst. Mache dir über die Woche einen Zettel (einen Art Einkaufszettel fürs Internet) und schreib alles auf, was du aus dem Internet brauchst. Wenn du dann im Internetkaffee bist, arbeitest du den Zettel einfach Punkt für Punkt ab. Du wirst sehen, dass du automatisch viel weniger im Internet bist und viel Geld sparst. Es gibt viele Onlinekaffees, bei denen man auch Seiten ausdrucken kann, für gerade 5 Cent extra oder sogar kostenlos.

Wasser

Trinke Leitungswasser! Das kostet nichts und du sparst dir die „Kistenschlepperei" der Getränkeflaschen. Manches Leitungswasser ist sogar besser als Mineralwasser in Kunststofflaschen. Du kannst dir auch einen Sodaautomat (Sodastream) zulegen, bei dem du nach Bedarf Kohlensäure in das Leitungswasser einbringen kannst. Somit hast du bestes Mineralwasser und das noch kostenlos!

Falls du Outdoor unterwegs bist: Wasser bester Qualität findest du an jedem Kirchen-/Friedhofsbrunnen. Diesen Trick der kostenlosen Trinkversorgung kennen auch Radrennsportler.

Der nächste Tipp füllt ein eigenes Kapitel auf der nächsten Seite (Versicherungen).

Kleidung

Wenn ich weiß, unter welchen Bedingungen Kleidung produziert wird, so sollte man sich schon Gedanken darüber machen, wie man den Konsum von Kleidung einschränken kann. Wusstest du, dass in China Jeans hergestellt werden, und zwar unter menschenverachtenden Arbeitsbedingungen? Arbeiter sind ständig irgendwelchen Farben sowie Chemikalien ausgesetzt und werden sehr oft krank. Die Chemikalien verseuchen auch Flüsse und Seen in China. „Umgekippte" Gewässer und tote Fische, die auf der Wasseroberfläche schwimmen, sind ein häufiger Anblick in der Volksrepublik. Ausgebeutete Menschen und eine kaputte Umwelt, nur damit wir hier mit den neusten Markenjeans prallen können? Globalverantwortliches Denken sieht anders aus.

Deswegen: Gebrauchte Kleidung kaufen bei einem Second-Hand-Laden oder im Internet zum Beispiel bei eBay. Das spart Geld und schont die Umwelt.

„Geld leihen"/Schnorren

Besser ein Schnorrer als ein Geizhals.

Wenn du Geld brauchst, so geh mutig zu den Bekannten/ Freunden/Verwandten und frage erst mal freundlich nach einem „Zehner". Sollte das Anliegen von deinem Bekannten/ Verwandten etc. verneint werden, dann fange eben etwas keiner an: „Kannst du mir vielleicht 5 Euro leihen?" Zur Sicherheit solltest du hinzufügen, dass die Zurückzahlung noch eine Weile dauern kann. Sonst kann es sein, dass dein Bekannter die Schulden schon nach einer Weile zurückverlangt und somit „nervt". Wenn du mit dieser Masche mehrere Personen ins Visier nimmst und den Betrag schrittweise steigerst, dann hast du schon mal ein kleines Einkommen. Suche dir auch reiche Menschen und bettele sie um Geld für private Projekte wie z. B.: Bandgründung (Musik), Buch schreiben, Gesangskarriere etc. – Stichwort: Mäzen. Hier gibt es auch die Möglichkeit, mit Crowdfunding zu Geld zu kommen. Crowdfundingseiten wie z. B Kickstarter.de oder Startnext.de. findest du im Internet. Es funktioniert! Ich kenne Schnorrer, die schon seit Jahrzenten auf diese Art und Weise erfolgreich „auf Kosten" ihrer Mitmenschen leben. Falls du damit ein schlechtes Gewissen hast, Geld zu schnorren, kannst du natürlich auch Hilfe anbieten bei Tätigkeiten in freundschaftlicher, freier Arbeit, z. B Hilfe beim Umzug oder bei der Gartenarbeit.

Landstreichern/Betteln. Die äußerste Form des Totalausstiegs!

Besorge dir Bücher über das Überleben im Freien. Am wichtigsten wäre Zelt, Schlafsack und Isomatte. Im Winter würde ich dir empfehlen, mit etwas Geld in ein warmes Land evtl. nach Südspanien oder Süditalien etc. zu fahren (Zug), der Kälte wegen. Falls du kein Talent zum Straßenmusiker hast: Betteln geht am besten, wenn du dir eine kleine Spendenbüchse bastelst. So denken die Leute, ihr Geld kommt einem guten Zweck zugute. Wenn du dabei ein schlechtes Gewissen hast, könntest du auch einen Teil von dem vereinnahmten Geld tatsächlich spenden. Der Rest wäre dann für deinen eigenen Unterhalt. Immer Lächeln! Sei beim Betteln immer nett und höflich. Segne die Gebenden, auch wenn es wenig ist, was sie in deine Büchse geben.

Jeder Mensch hat das Recht, glücklich und frei zu Leben. Letzten Endes versorgt doch Gott/das Universum, beziehungsweise die Welt oder die Natur, die Erdenbürger. Und am Ende sind doch alle Menschen auf Hilfe und Solidarität angewiesen. Einen warmen Schlafplatz zu finden, ist normalerweise kein Problem: Die Obdachlosen, die schon länger auf der Straße sind, helfen dir da sicher gerne weiter. Unterkünfte für Obdachlose gibt es in jeder größeren Stadt. Auf dem Land kannst du auch versuchen, gegen eine warme Mahlzeit für ein paar Stunden auf einem Bauernhof mitzuhelfen.

Containern/Pfandflaschen sammeln

Wusstest du, dass Supermärkte eine Unmenge pfennigguter Lebensmittel wegwerfen? Wenn ein Lebensmittelprodukt abgelaufen ist oder die Verpackung beschädigt etc., wird dieses weggeworfen. Du als Aussteiger kannst davon profitieren, indem du dir die weggeworfenen Produkte zu Eigen machst. Gehe zu einem x-beliebigen Supermarkt und suchen dir einen Container (der sollte aber nicht mit einem Zaun eingefriedet sein, siehe unten Rechtslage). Dort kannst du dann die Lebensmittel „herausfischen". Aber natürlich erst spät nachts, um nervige und unangenehme Fragen von evtl. Passanten oder Angestellten zu ersparen. Da man nachts unterwegs ist, empfiehlt es sich, eine Taschenlampe zu verwenden.

Damit tust du auch was Sinnvolles gegen Lebensmittelverschwendung. So gibt es z. B. Umweltschützer, die aus reinem Idealismus Containern und nicht aus Geldmangel. Auf alle Fälle ist dies ebenfalls eine Möglichkeit, sich ein freieres Leben ohne oder zumindest eines mit weniger Arbeit zu gestalten.

Rechtslage

In Deutschland wird Abfall, der in entsprechenden Behältern auf privaten Grundstücken wie zum Beispiel Supermärkten oder Fabriken gesammelt und den kommunalen und privaten Städtereinigungsbetrieben zur Entsorgung bereitgestellt wird, nach dem Abfallrecht bis zur Abholung dem Eigentum des Wegwerfers bzw. Grundstückseigentümers zugerechnet. Allerdings verfolgt das zugrundeliegende Umweltrecht hierbei nur den Zweck, Pflichten von Erzeuger und Entsorger von Abfällen zu regeln, sowie die aus Pflichtverletzung entstehende Haftung vor allem bei Umweltschäden zuordnen zu können. Die Abfallentnahme durch Containern ist kein Straftatbestand, wenn im konkreten Fall zu erkennen ist, dass der Abfallerzeuger kein ernsthaftes Interesse am Einbehalt der Sache haben kann.

Eine Anzeige wegen Diebstahls ist in solchen Fällen als unzulässiger Rechtsmissbrauch nach § 226 BGB zu werten, da es hier nur darum geht, jemand anderem Schaden zuzufügen. Beim unberechtigten Betreten eingefriedeter Grundstücke kann aber der Tatbestand des Hausfriedensbruchs verwirklicht sein, wenn der Grundstückseigner Strafantrag stellt.

Da es sich aber durchgehend um geringwertige Sachen handelt und bei Entdeckung durch Mitarbeiter des Eigentümers meist nur eine Ermahnung erfolgt und kein Strafantrag gestellt wird, wird regelmäßig kein Strafverfahren eingeleitet. Wird dennoch Strafantrag gestellt, wird das Verfahren meist wegen Geringfügigkeit gegen eine Auflage eingestellt. 2004 wurde eine beim Containern erwischte Kölnerin wegen „gemeinschaftlichen Diebstahls in einem besonders schweren Fall" angeklagt. Das Verfahren wurde gegen die Auflage, 60 Stunden gemeinnützige Arbeit zu leisten, eingestellt.

Im Mai 2009 beschäftigte sich der Sächsische Landtag nach einer kleinen Anfrage der Linkspartei mit der strafrechtlichen Würdigung des Containerns. Auslöser war ein gegen zwei Containerer eingeleitetes Ermittlungsverfahren. Zwischenzeitlich hatte bereits die Staatsanwaltschaft Bautzen das Verfahren eingestellt, da kein besonderes öffentliches Interesse an der Strafverfolgung bestand und der Betreiber des Supermarktes keine Anzeige erstattete. In einer Pressemitteilung von März 2012 forderte die Linkspartei anlässlich der Vorstellung einer Studie zur Lebensmittel-Verschwendung durch Bundesverbraucherministerin Ilse Aigner die Bundesregierung auf, „Containern" nach Lebensmitteln straffrei zu stellen.

Österreich
Gemäß österreichischem Recht stellt Containern prinzipiell keine Straftat dar, da Müll als herrenlose Sache gilt, wenn keine Sachbeschädigung wie etwa durch Aufbrechen von Schlössern verübt wird.

Schweiz
Markus Melzel, Sprecher der Basler Staatsanwaltschaft: „Was weggeworfen wird und nicht für Dritte bestimmt ist, gehört niemandem mehr. Wenn man nicht über einen Zaun steigen oder ein Schloss aufbrechen muss, um an die Waren heranzukommen, dann ist gegen Containern nichts einzuwenden."

Leben von der Natur
Hütte oder „Jurte" im Wald siehe Öff Öff. Selbstverständlich müsste das Waldgrundstück dir gehören. Ansonsten brauchst du eine Erlaubnis vom Grundstücksbesitzer. Ein Survivaltraining wäre von Vorteil, wenn du auf diese Weise Totalaussteiger sein willst. Dabei gibt es auch Bücher über pflanzliche und tierische Notnahrung. Zu finden sind die Bücher unter den Begriffen Survival, Überlebenstechniken in freier Natur, Outdoor und Bushcraft. Auch auf YouTube kann man sich einige der lehrreichen Videos anschauen.

Tierische Nahrung in der Natur gibt es z. B. in Form von essbaren Maden und Raupen, oder auch Schnecken, Würmer, Muscheln etc. Du solltest dich aber vorher informieren und die Nahrung aus Sicherheitsgründen abkochen oder am Lagerfeuer durchbraten.

Etwas appetitlicher erscheint der Gedanke an **pflanzliche Nahrung**. Hier kann man unterscheiden zwischen **A essbaren Bäumen,** wobei die Blätter und in Ausnahme auch die Baumrinde gemeint ist. Da wären z. B. die Blätter der Birke, Linde, Buche sowie auch Jungtriebe (hellgrüne Farbe) von Fichten und Tannen. Bei der Weide kann zu den jungtriebigen Blättern auch die Rinde gekaut werden. Die Rinde der Weide enthält entzündungshemmende Substanzen und hilft in größeren Mengen gekaut auch gegen Kopfschmerzen.

Nicht zu vergessen sind auch die Früchte, die so mancher Baum im Wald hervorbringt. So können z. B. auch reife (braune, nicht grüne) Eicheln gegessen werden. Dabei müssen lediglich die Gerbstoffe herausgekocht werden. Dazu werden die gesammelten Eicheln einfach von Kappe und Schale befreit, in einen Kochtopf gegeben und ausgekocht. Die Gerbstoffe werden sichtbar, indem sie das Kochwasser bräunlich färben. Kochwasser wegschütten, frisches Wasser hinzu und ein weiteres Mal aufkochen. Die Prozedur wird wiederholt, bis das Wasser klar bleibt, denn dann sind die als bräunliche Flüssigkeit erkennbaren Gerbstoffe ausgekocht. So können die Eicheln so gegessen werden, oder zu Mehl für Brot oder zu Eichelkeksen weiterverarbeitet werden. Die Gerbstoffe wiederum können zum Desinfizieren des Rachenraums und zur Reinigung von Kleidung verwendet werden. Auch Esskastanien können gekocht mit Salz oder, in dem man die Schale einschneidet und sie in einer Feuerglut röstet, gegessen werden.

Und **B** gibt es eine Vielzahl von **essbaren Wildkräutern** z. B.: Löwenzahn, Brennnessel, Labkraut, Wiesenbärenklau usw. Zum Teil so essbar, als Salat zu verwenden, oder als Beilagen für Speisen und Kochbeigabe.

Selbstversorger/autark werden

Auch dafür gibt es Bücher z. B. „das große Buch der Selbstversorgung". Hast du ein Erbe oder größere Rücklagen?

Obstbäume, Gemüse, Beerenbüsche: Kaufe dir doch ein Stückchen Land, auf dem du dich mit Obst, Gemüse, ergänzt mit Permakultur und vielleicht ein paar Hühnern und Schafen selbstversorgen kannst. Die erzeugten Überschüsse kannst du verkaufen. Ergänzt werden kann das Ganze durch eine eigene Wasserversorgung, in dem man seinen eigenen Brunnen „schlägt" beziehungsweise graben lässt und/oder zusätzlich Regenwasser sammelt. Hat man jetzt noch die Möglichkeit, sich ein Bio- Abwassersystem im eigenen Garten zu installieren (Anleitungen im Internet), so wäre dann auch die Ableitung des Abwassers autark.

Solarmodule/Energiesparhaus

Viele Menschen beklagen, dass ihr Haus sehr viel Geld im Unterhalt kostet. Die Lösung: Mache die Oberfläche deines Hausdachs mit Solarmodulen voll. Oder kaufe dir eine Halle und installiere darauf die Solarpaneele. Wenn du genügend Module hast bzw. das Dach eine große Fläche hat, kannst du sogar den überschüssigen Strom an die Stromkonzerne verkaufen! – Und schon hast du wieder Einnahmen.

Mietfrei leben

Wie wär's mit mietfrei leben in einem beheizbaren Bauwagen wie Peter Lustig? Du kannst dir auch einen Wohnwagen kaufen und ihn mit einer Dusche beheizbar umbauen. Oder du kaufst dir ein Hausboot, wenn du in Hafennähe wohnen möchtest.

Stehlen/Haus besetzen

Auch das ist eine Möglichkeit, aber aus rechtlichen Gründen kann ich hierfür keine Anleitung geben.

Selbständig machen/freiberuflich Geld verdienen

Selbständig machen, Gewerbe anmelden. Tätigkeiten, die dir Spaß machen, ohne Chef und ohne Bewerbung und vielleicht von zu Hause aus. Dabei solltest du deine Talente hinterfragen. Was kannst du gut? Kannst du gut reden, dann solltest du vielleicht gegen Geld einen Vortag bei der VHS halten. Kaufen und verkaufen von Dingen im Internet oder den Hausrat auf dem Flohmarkt. Du kannst auch als Straßenmusiker Geld verdienen oder Straßenmalerei betreiben. Es gibt immer Möglichkeiten, frei und selbstbestimmt ein paar Mücken zu machen.

Buch schreiben

Schreibe ein Buch und verdiene Geld mit einer spannenden Lebensgeschichte oder anderen interessanten Themen. Wenn du ein Buch am Computer schreibst, so speichere das Manuskript am besten auf dem PC, und wenn du eine Probebindung machen willst, speichere zusätzlich eine Kopie auf einem USB-Stick. Dann suche dir einen Verleger. Dazu google am besten im Internet unter: „Buch kostenlos verlegen". Das kannst du auf Seiten wie: BooRix.de, epubli.de, BoD.de, oder Amazon. Auf der Verlegerseite kannst du dann deine Datei und das Cover hochladen. Oder du schickst eine E-Mail mit der Datei deines Buches und dem Cover als E-Mail-Anhang. So kannst du auch für den Anfang einige Exemplare drucken lassen und in Büchereien in deiner Umgebung auslegen. Dabei solltest du aber beachten, dass die Rechtschreibung und der Aufbau des Buches stimmen sollten, um nicht gleich zu Anfang als Autor in ein schlechtes Licht zu geraten. Eine Überarbeitung deines Werkes durch einen Lektor könnte da hilfreich sein.

Von den Eltern leben

... solange es irgendwie geht und die Eltern noch leben. Bleib stur zu Hause! Es gibt wohl kaum Eltern, die ihre Kinder auf die Straße setzen und sie somit der möglichen Obdachlosigkeit preisgeben würden, nur weil diese nicht arbeiten wollen. Du kannst (bei moralischen Bedenken) natürlich auch etwas zurückgeben: Indem du deine Eltern im Alter pflegst und dafür Pflegegeld bekommst. (siehe auch nächste Seite: Pflege von Verwandten und Pflegegeld bekommen)

Einen wohlhabenden Lebenspartner suchen

... heiraten und evtl. zu Hause bleiben als Hausfrau/Hausmann. Durch Heirat kannst du dich bei deinem Partner/in mit krankenversichern. Wenn du nicht mehr arbeiten willst, dann ergänze dich einfach mit dem Menschen, der dich liebt und Geld hat. Viele Reiche sind einsam und brauchen jemanden um sich. Dies ist eine Chance für eine Win-win-Lebenspartnerschaft.

Friseurbesuche meiden oder ganz sein lassen

Wenn ich weiß, wie Friseurbedienstete bezahlt werden und mit Unmengen Chemikalien hantieren, die die Haut reizen und die Umwelt belasten, so werde ich auch die Dienstleistung „Haare frisieren" nicht mehr oder so selten wie möglich „konsumieren". Einige der Aussteiger von Öff Öffs Schenker-Bewegung tragen lange Haare und Bärte. Den Grund kann man sich denken. Im Sommer spricht auch als Mann auch nichts dagegen, wenn man seine Haare mit einem Langhaarschneider abrasiert. Das kostet vielleicht 0,001 Cent Stromkosten, für die Zeit, wo man den Akku der Maschine in der Steckdose hat.

Pflege von Verwandten und Pflegegeld bekommen

Häusliche Pflege von Verwandten oder nahestehenden Bekannten. Warum nicht? Du kannst bei ihrer Krankenkasse Pflegegeld beantragen, wenn du einen deiner pflegebedürftigen Verwandten pflegst. Die Pflegestufe wird von einem Mitarbeiter der Krankenkasse eingeordnet. Die Pflegestufen gehen von einschließlich 1 bis 3.

Viele Tipps dazu gibt es auch in dem Buch von Volker Kitz: „Die 365 Tage-Freiheit" und auch in dem Buch „Asket-Strategie" von Felix Konradin.

Du kannst diese Aussteigermodelle auch kombinieren. Wenn alle Stricke reißen, gibt es bestimmt auch Verwandte, die dich finanziell unterstützen – habe Selbstvertrauen! In Deutschland verhungert niemand, das haben schon einige Aussteiger bewiesen. Ein Aussteigermodell klappt bestimmt. Entscheide selber, was am besten zu dir passt.

„Nicht wer wenig hat, sondern
wer viel wünscht, ist arm."

Seneca

13 WEG MIT VERSICHERUNGEN!

Wer sich mit der Bergpredigt von Jesus Christus genauer beschäftig hat, muss zum Schluss kommen, dass jede Altersvorsorge sinnlos ist. Und so ist es auch:

Jede Altersvorsorge hat einen Hacken, wie z. B. die Riesterrente. Besitzt man die Riesterrente und kommt dann in den Altersbezug, so fällt der staatlich vorgegebene soziale Grundsatz von 850 EUR tiefer und liegt dann nun mehr nur noch bei 650 EUR. Das heißt: Das Geld, das du in deine Vorsorge eingezahlt hast, bekommst du nicht in vollem Maße, wie es dir eigentlich zustehen würde. Wir alle kennen doch das Lied mit den Versicherungen: Wir zahlen und zahlen und am Ende, wenn man seine Versicherung braucht, wirkt plötzlich irgendeine Klausel im Kleingedruckten und die Versicherung zahlt nicht. Warum sich das antun? Es gibt islamische Länder, wo der Versicherungshandel aus religiösen Gründen komplett verboten ist. Zu Recht finde ich. Sieh dir nur mal die Allianzversicherung an: Hast du gewusst, dass die Allianz indirekt Kinderarbeit in Bangladesch unterstützt? Diese Versicherungsgesellschaft hält Aktien von H&M. Diese Modekette wiederum bezieht ihre Kleidung aus Kinderhänden. Dazu kommt, dass die Allianz mit schuld ist an der Zerstörung des Nigerdelta in Afrika durch den Ölkonzern Schell. Die Allianzversicherung hält Aktien von Schell und dieser Konzern wiederum hat die Existenz der Fischer und die Umwelt im Nigerdelta durch Ölforderschäden zerstört. Die Allianzversicherung hat, und auch das ist kaum zu glauben: KZ-Baracken versichert und mit dem NS-Regime in den Jahren von 1933–1945 dicke Geschäfte gemacht. Die Versicherung kassierte zweimal ab: Von Tätern und den deportierten Opfern (Siehe Spiegel Artikel ZEITGESCHICHTE Das Wagnis Auschwitz).

Viele Versicherungen haben zudem Blut an den Händen und unterstützen die Waffenlobby. Sollte man so etwas mit eigenem Geld unterstützen? Und zudem weißt du nie, ob Versicherungen zahlen, wenn du sie brauchst, da es zu viele Klauseln im Kleingedruckten gibt. Schadhaftes Verhalten des Versicherungsnehmers kann als Eigenverschulden gewertet werden. Ein Rechtsstreit kostet Geld und Nerven. Jeden Vertrag und die Rechte als Versicherter genau zu studieren, ist doch sinnloser Stress und Zeitverschwendung für einen Müßiggänger.

(Blutsauger-) Krankenversicherung

Das Witzige bei der deutschen Krankenversicherungspflicht ist, dass sie nicht automatisch versichert, dennoch soll der Versicherte automatisch zahlen. Ein Beispiel: Als ich mit meiner Frau zusammenkam und dann wenig später arbeitslos wurde, bekam ich kein Arbeitslosengeld mehr, da ich in einem eheähnlichen Verhältnis stand und meine Frau zu viel verdiente. Ich hatte somit kein Einkommen mehr und war voll und ganz auf meine Frau angewiesen. Wenig später kam dann die Aufforderung der Krankenversicherung, mich privat zu versichern, und sie stellte mir sofort eine Rechnung von über 150 Euro aus, für den Monat, in dem ich kein Einkommen hatte. Wie soll ich eine Krankenversicherung zahlen, wenn ich kein Einkommen habe!?

Die gesetzlichen Krankenkassen haben im ersten Halbjahr 2012 einen Überschuss von rund 2,7 Milliarden Euro erwirtschaftet. Das berichtet das Bundes Gesundheitsministerium heute. Einnahmen in Höhe von rund 94,82 Milliarden Euro standen danach Ausgaben in Höhe von rund 92,13 Milliarden Euro gegenüber. Nach den Zahlen sind die Einnahmen 2012 gegenüber dem ersten Halbjahr 2011 stärker gestiegen als die Ausgaben: 3,1 Milliarden Euro haben die Kassen gegenüber dem Vorjahreszeitraum mehr eingenommen, 2,8 Milliarden Euro mehr ausgegeben (Auszug ärzteblatt.de vom Mittwoch, 5. September 2012).

Laut dem BMG verfügen der Gesundheitsfonds und die Krankenkassen am Ende des ersten Halbjahres 2012 insgesamt über

Finanzreserven von rund 21,8 Milliarden Euro, davon rund 12,8 Milliarden Euro bei den Krankenkassen und rund neun Milliarden Euro beim Gesundheitsfonds.

Zusatzzahlungen trotz Krankenversicherung?!

Viel Geld für Krankenkassen (deren Daseinszweck ich manchmal in Frage stellen muss), die trotz eines immensen Verwaltungsapparats (Wasserkopf) über Milliarden an Überschüssen erwirtschaften, auf Kosten der Kranken.

Die Kassen werden argumentieren, dass sie das Geld für die veraltete Generation in der Zukunft bräuchten. Ich möchte da entgegenhalten, dass es für die zukünftige Entwicklung der Überalterung der Gesellschaft immer noch den Gesundheitsfound als Sicherheit gibt. Statt Hilfe: Abzocke der Mitglieder bzw. Kranken, die auch noch in der Praxisgebühr gipfelte. Die längst überfällige Abschaffung der Praxisgebühr, die 2013 beschlossen wurde, war ja wohl wirklich das Mindeste. Aber auch Ärzte verdienen sich mit ihren teils unsinnigen Angeboten auf Rechnung eine goldene Nase mit ihren Patienten. Gerade bei den häufig verkauften individuellen Gesundheitsleistungen (IGeL) ist praktisch nichts dabei mit deutlich erwiesenem Nutzen. Das teilte der Medizinische Dienst der Krankenkassen (MDS) der Südwest Presse mit.

Als Beispiele wurden Ultraschalluntersuchungen der Brust zur Krebsvorsorge sowie die Früherkennung von Grünem Star genannt. „Die Mehrzahl der IGeL-Leistungen schneidet nicht gut ab, einige sogar sehr schlecht", sagte MDS-Geschäftsführer Peter Pick in einem Zeitungsinterview. Der Markt für Angebote auf Rechnung wächst: Laut einer Untersuchung des Wissenschaftsinstituts der AOK (WidO) stieg die Zahl der Angebote um 5,3 auf 62,2 Millionen (2012).

In zwei von drei Fällen kommt es auch zur Untersuchung oder Behandlung. Die Ärzte verdienen damit laut WidO geschätzt 1,3 Milliarden Euro im Jahr.

Vor kurzem war ich beim Zahnarzt und hätte für Zahnreinigung, Zahnfleischbehandlung, Wurzelbehandlung und neue

Füllung eine Zuzahlung von 340 Euro leisten sollen!!! Ich kann mich noch erinnern, dass ich schier platzte vor Wut.

Zusatzzahlungen, auch wenn man nur im Krankenhaus stationiert ist.

10 Euro tägl. Für jeden angerissenen Kalendertag bis 30 Tage. Dass kann bei längeren Krankenhausaufenthalten schnell bis zu 300 Euro zu Buche schlagen und das, obwohl man krankenversichert ist!

Tipp: Nicht jeder Arzt verlangt gleich hohe Zusatzzahlungen für die Zahnbehandlung. Erkundige dich und wechsle, wenn nötig, den Zahnarzt. Hole dir mehrere Meinungen und Angebote rein. Außerdem ist nicht jedes Selbstzahler-Angebot wie oben beschrieben notwendig und oft auch nutzlos. Zum Thema Krankenversicherungen sehr zu empfehlen ist das Buch „Geldmaschine Kassenpatient" von Renate Hartwig. Auch die Pharmaindustrie arbeitet mit an der Abzocke der Kranken. Immer mehr sinnlose Medikamente kommen auf den Markt und die Medien suggerieren den Menschen, dass sie bei jedem Kinkerlitzchen eine Pille einwerfen müssten. Immer neue Krankheiten und immer mehr neue Medikamente müssen her und eine Vielzahl von Tieren muss bei sinnlosen Tierversuchen leiden. Doch die Pharmaindustrie boomt.

„Wenn ein Mensch dir sagt,
er sei durch harte Arbeit reich geworden,
frag ihn, durch wessen Arbeit."

Don Marquis (1878–1937),
amerik. Publizist

14 AUSSTEIGERMODELLE UND WEITERE TIPPS, UM VON ARBEIT LOSZUKOMMEN

Begnügst du dich mit dem Teilausstieg so wie ich oder willst du vielleicht noch weiter in die Unabhängigkeit und Freiheit? Die Entscheidung liegt bei dir. Wenn du all die Kosten auf ein Minimum reduzierst, benötigst du auch nur ein Mini-Einkommen, um deinen Lebensunterhalt finanziell zu garantieren. Ich stelle dir alle Modelle vor und du kannst selber entscheiden. Bei manchen Modellen und Tipps ist evtl. ein Startkapital erforderlich.

Heidemarie Schwermer

Heidemarie Schwermer ist eine Lebenskünstlerin.

Diese Frau lebt ganz ohne Geld. Alles, was sie besitzt, passt in einen Koffer: Drei paar Schuhe und einige notwendige Kleidungsstücke. Sie gründete den Tauschring „Gib und Nimm". Was sie zum Leben braucht, bekommt sie von Menschen, bei denen sie sich eine Zeit lang aufhält/wohnt. Dafür bietet sie ihre Dienste an: Haushüten gegen Kost und Logis, Nachhilfe gegen einen Wintermantel, psychologische Beratungen gegen Hilfe im Haushalt und so weiter. *„Alles, was ich wirklich brauche, kommt zu mir, wenn ich es mir fest wünsche. Das Gefühl der Anhaftung an materielle Güter habe ich verloren und dafür Freiheit gewonnen."* Heidemarie setzt auf spirituelle Kräfte, auf Meditation und das Zwiegespräch mit Engeln!

Anne Donath

Anne Donath lebt mitten in Deutschland genau so einfach wie eine Berberin in Nordafrika. Sie hat ihre „Armut" selber gewählt und gegen eine fast grenzenlose Freiheit eingetauscht. Im eigenen winzigen Holzhäuschen kommt sie ohne Strom und Telefon aus. Dafür genießt sie jede Menge Natur und Freizeit. Einen Tag bezahlte Arbeit pro Woche reicht für ihren Lebensstil und lässt ihr sogar genug Geld für lange Reisen in den Süden.

Öff Öff

Jürgen Wagner bekannt als Aussteiger und Waldmensch mit Eigennamen „Öff Öff". „Öff Öff" alias Jürgen Wagner schloss sein Abitur in Theologie mit Note eins ab! Doch ein Priesteramt in der katholischen Kirche blieb ihm verwehrt, da ein Priester der (vom Staat bezahlt, somit auch die Interessen des Staates vertreten muss) die Menschen bei ihrer Rolle als gute Bürger, die arbeiten und Steuern zahlen, zu unterstützen hat. Doch für Jürgen Wagner war genau das das Problem: Staat, Bürger, Geld. Den Personalausweis schickte Öff Öff an den Bundespräsidenten zurück, da er mit dem Staat nichts mehr zu tun haben wollte. Wagner schrieb dem Arbeitsamt, dass er nicht mehr dazu bereit ist, in egoistischer oder schädlicher Weise mit anderen zu konkurrieren und dass er von nun an ohne Geld leben werde. Anfang der 90-er stieg Wagner aus der Gesellschaft des Konsums aus und drehte mit Freunden die mehrteilige Dokumentation „Alleingang" (abrufbar auf YouTube). Ein freies Leben in globaler Verantwortung als Ziel. Wobei gerade ein freies Leben, so wie es der Wanderprediger Öff Öff vorlebt, bei weitem global verantwortlicher ist als das Leben, das der Massenkonsument mit Auto, McDonalds-Besuchen, dem hundertsten Mallorca Urlaub und somit sich nicht ausschließt, sondern im Gegenteil! Gerade ein solches autarkes Leben schont nachhaltig die Umwelt und deren Rohstoffe. „Öffi" verschenkte all sein Hab und Gut und lebt als Wanderprediger, vom Betteln und zeitweise von der Natur: Schnecken, Regenwürmer, Brennnessel, verschiedene Wildkräuter. Survival-Bücher mit Outdoorwissen über tierische und pflanzliche Notnahrung werden zur Überlebensbibel, mit hilfreichen Überlebenstechniken in freier Natur. In einer Hütte im Wald lebend wurde Öff Öff als „Waldmensch" in den Medien bekannt.

Zu Besuch bei Jürgen Wagner (Öff Öff)

Ich möchte in Kurzfassung von meiner Reise zum Waldmensch erzählen: Vor kurzem machte ich eine Studienreise für mein Buch. Zuerst bin ich mit einem Freund zum Bildungswerk Lilitopia nach Stadtallendorf gefahren, das von Öffis Frau Anke Rochelt betrieben wird. Voller Erwartung trafen wir dann unser Aussteigeridol. Öff Öff erklärte uns seine Weltanschauungen und es wurde schnell klar, dass wir es mit einem hochintelligenten und auch politisch interessierten Mann zu tun hatten. Nach einer Weile, wurde auch klar, dass auch mein Freund und ich viel lernen mussten und noch an uns zu arbeiteten hatten, um uns als global verantwortliche Menschen zu betrachten. Der Familienvater eines vierjährigen Sohnes lebt zwar nicht mehr im Wald (Bildungswerk Lilitopia hat Strom und fließendes Wasser), ist aber seinen Prinzipien und seinem Geldverzicht treu geblieben und ernährt sich immer noch ausschließlich von Wildkräutern und weggeworfenen, containerten Lebensmitteln. Öffis ständige Predigten, in denen er zu Konsumverzicht und zur globalen Verantwortung aufrief, muss ich zugeben, nervten schon mal, was ich ihm auch sagte. Worauf er meinte, dass man auch ihn „dosieren" könne. Womit er wohl seine übertriebene Art meinte. Trotzdem: Der Prediger hat letztlich in vielem Recht! Wir müssen uns umstellen, wenn wir nicht wollen, dass uns die Erde sprichwörtlichen um die Ohren fliegt. J. Wagner zeigte uns noch eine Waldlaube, in der er uns einlud zu wohnen. Auch die Wiese mit Namen „Permaoase" zeigte uns unser Gastgeber, auf der er das Aussteigergroßprojekt: **„Realutopia"** als Parallelveranstaltung zur **SAT 1 Sendung „Newutopia"** vorhat. Nach einer Übernachtung im VW-Kombi meines Freundes und einem Aussteigermenü mit Brennnesselsalat und containerten Kartoffeln fuhren wir um eine Erfahrung reicher und um Wissen erweitert nach Hause.

Nicht übel, Arno Dübel!

Arno Dübel ist bekannt als Deutschlands „frechster" Arbeitsloser (Bildzeitung), weil er seinen lebenslangen Arbeitsstreik seit 36 Jahren durchzieht.

Auch das ist ein Weg, seine persönliche Freiheit zu finden, und die kapitalistische Ausbeutung nicht mehr durch eigener Hände Arbeit zu unterstützen. Den hohlen Stammtischparolen der „Leistungsfans" und der Bildzeitungshetze zum Trotz solltest du auch diese Möglichkeit nutzen. Schließlich ist es ja nicht deine Schuld, wenn Politik und Gesellschaft nichts gegen die Unzumutbarkeiten in der Arbeitswelt unternehmen und diese im Gegenteil sogar noch verschärfen. Passend dazu das nächste Thema:

Vom Amt leben

Vom Amt zu leben, ohne arbeiten zu wollen, ist zurzeit sehr schwierig, aber nicht unmöglich. Vom moralischen Standpunkt kann ich niemand verurteilen. Denn warum soll ein Mensch zu Arbeiten gezwungen werden, bei denen er nur ausgenutzt wird?

Hier ein paar Tricks: Solltest du irgendwelche psychische Erkrankungen haben, und wenn es auch nur leichte Depressionen sind, so lasse diese auf jeden Fall von einem Facharzt bestätigen! Versuch dann, Krankengeld oder, wenn das nicht klappt, gleich **Sozialhilfe bei deinem zuständigen Landratsamt** aus gesundheitlichen Gründen zu beantragen.

Vorteil: Anders als beim Jobcenter oder Arbeitsamt wirst du so nicht mehr mit unsinnigen Arbeitsangeboten belästigt. Wenn du nun doch auf das Arbeitsamt angewiesen bist und von einem Vermittler zu einem Jobangebot verdonnert wirst, so kannst du folgendes tun: Vor dem Vorstellungsgespräch viel Kaffee oder Tee trinken. Während des Gesprächs mit deinem hoffentlich nicht zukünftigen Chef/in gehst du einfach mehrmals auf die Toilette und machst somit den denkbar schlechtesten Eindruck. Oft reicht es schon, wenn du einen gelangweilten und demotivierten Eindruck machst. Dann hat sich die Arbeitsaufnahme schnell erledigt. So bekommst du weiter dein Geld, denn: Was kannst du für eine schlechte Blase?

Unterschreibe auf keinen Fall die Eingliederungsverein-barung!

Die Eingliederungsvereinbarung ist eine Aufforderung zur Zwangsarbeit und verstößt gegen die Verfassung (Würde des Menschen ...). Das Gute: Du kannst nicht gezwungen werden! Dann wird vielleicht ein Verwaltungsakt verhängt. Dennoch gilt: Ohne Eingliederungsvereinbarung sind Sanktionen ungültig.

Ausführlicheres zu diesem Thema auf meinem Youtubkanal „Spirituelle Anarchistin" Video: „Arbeit ist Scheiße! Jobcenter Eingliederungsvereinbarung nicht unterschreiben!"

Passende Tipps in Büchern. Dazu: „Mein Recht auf Sozial-hilfe" von Albrecht Brühl, erhältlich im Buchhandel.

„Blau machen"

Krank ist das Stichwort, wie du der heutigen Zwangsarbeit entgehen kannst. Gerade bei den unsinnigen Schulungsmaß-nahmen, die dir das Jobcenter/Arbeitsamt aufbrummt, oder auch wenn du im Berufsleben stehst, solltest du jeden kleinen Schnupfen, jeden Halsschmerz, jedes Bauch-Wehwehchen herz-lichst willkommen heißen! Suche dir mindestens drei Ärzte in deiner Umgebung und gehe möglichst oft zu dem Arzt, der dich am längsten krankschreibt. Nur Mut – Es ist dein Recht. Je bes-ser du „den Schwerkranken" spielen kannst, desto weniger wirst du mit Arbeit genervt! Sehr zu empfehlen dazu: *„Der Notwehr-Report"* von Heinrich von Canstatt, erhältlich als Download im Internet (einfach googeln) oder bei Reyharths & Lynn, Inc., BCM 1602, London WCIN 3XX, England.

Wichtig: Wenn du nun doch eine Arbeit aufnehmen willst, so prüfe doch bitte erst, ob die Arbeit deiner gött-lichen Bestimmung entspricht und somit zu dir passt. Su-che keinen Job. – Suche deine Berufung!

„Und wie finde ich nun meine Berufung?", wirst du dich jetzt sicher fragen. Die findest du nur, wenn du mal eine Zeit lang nicht mehr arbeiten gehst. Gehe in den Wald sparzieren und meditieren. Gehe in dich hinein. Wo sind deine Talente, was kannst du gut?

Auf jeden Fall rate ich: Pfoten weg von irgendwelchen Drücker-
kollonen, Versicherungshandel, Pharmakonzernen, Rüstungs-
konzernen und Firmen, die von Kinderarbeit und Ausbeutung
profitieren wie H&M, Kik und Zeitarbeitsfirmen. Denke immer daran: Mit deiner Arbeit solltest du keinem schaden, denn
es kommt alles auf dich zurück! Stichwort: Karma. Leider sind
in Deutschland Jobs erlaubt, bei denen sich der Arbeitsaufneh-
mende mitschuldig macht an der Verbreitung des Unrechts und
der Ausbeutung in der Welt.

„Mir ist die gefährlichste Freiheit lieber
als eine ruhige Knechtschaft."

Jean-Jacques Rousseau
schweizerischer Philosoph, Schriftsteller
und Staatstheoretiker (1712–1778)

„Hauptsache Mann ist gesund
und die Frau hat Arbeit."

Redensart

15 KURZES KAPITEL: ORDNUNG UND SAUBERKEIT. KAMPF DEM PUTZTEUFEL!

Ein Müßiggänger legt auf übertriebene Körperhygiene nicht so viel Wert. Warum auch? Körpergeruch kommt doch hauptsächlich über das Schwitzen zu Stande. Meistens schwitzt aber ein echter Faulpelz mangels Bewegung ja eh nur sehr selten. Wenn man mit seiner Energie sparsam haushaltet wie der Müßiggänger, so wird tägliches Duschen fast überflüssig und Wasser sowie Hygieneartikel können gespart werden. Wobei wir wieder bei dem Thema Konsum wären. Ich sehe es auch nicht ein, die Kleinkariertheit und die Intoleranz überempfindlicher Nasen zu unterstützen.

Denn je sauberer, desto schlechter die Gesundheit, da das Immunsystem keine Herausforderung mehr hat im Abtöten von Bakterien. Diese Tatsache ist wissenschaftlich nachgewiesen. Man muss sich das Immunsystem wie einen Muskel vorstellen, der ständig trainiert werden will. Wenn eine Wohnung zu steril sauber ist, bekommt das Immunsystem kaum oder zumindest nur sehr wenig Arbeit. Eine Wahrheit, die viele zu ignorieren scheinen. Man muss sich auch mal vorstellen, was es für die putzenden Hände bedeutet, ständig mit chemischen Reinigungsmitteln in Berührung zu kommen. Und als sei das alles nicht genug, kommt auch noch Sagrotan zum Einsatz. Damit auch ja alle Bakterien vernichtet werden. Viele Putzwütige stellen ihren Wahn leider erst dann in Frage, wenn die Hände abgescheuert sind, das Fleisch der geschundenen Hände unter grausigsten nur unvorstellbaren Schmerzen zum Vorschein kommt und nur noch eine psychiatrische Therapie den Betroffenen hilft. **Auch Allergien können durch den häufigen Kontakt chemischer Reinigungskeulen ausgelöst werden. Besonders gefährlich in Kombination, wenn Sie zu häufig duschen** und wenn Ihre Haut noch mit diversen Waschlotionen bombardieren wird. Nicht zu vergessen die Deo Sprays und Parfüms nach dem Duschen. So gibt es die tollsten Allergien für Sauberkeitsfanatiker: Tierhaarallergien, Allergien gegen Putzmittel, Waschmittelallergie und: **Es kann auch passieren, dass man auch noch auf den eigenen Schweiß allergisch reagiert!** Wenn man sich nicht zu sehr bewegt, dann reicht es auch, wenn man nur alle 2–5 Tage in der Woche duscht. Wer keinen Kaffee trinkt, schwitzt viel weniger. Auch ein Grund, mit dem Kaffeetrinken aufzuhören, wenn möglich.

Die übertriebe Ordnungs- und Sauberkeitsliebe hat immer auch mit dem eitlen arroganten Denken des intoleranten Menschen zu tun, der in die Dinge eingreift und sie nach seinem Gutdünken und ständig unzufriedenen Willen zu verändern sucht. Dem göttlichen Willen gibt der Mensch keinen Raum mehr und das rächt sich. Denn die Unordnung kommt wieder und wieder mit unendlichen und unnötigen Mühen. Ein Tipp, den schon Tom Hodkinson aus seinem Buch „Anleitung zum Müßiggang" beschreibt: Wenn du deine Unordnung nicht sehen kannst, ziehe die Rollenladen deines Fensters etwas herunter und verwende zur Beleuchtung deiner Wohnung Kerzen statt der üblichen Glühbirnen. Das ist romantischer, stromsparender, und du hast mehr Zeit für andere Dinge, z. B. für Unternehmungen mit der Familie, Buch lesen etc.

„Was kann an der Arbeit gut sein,
wenn die Reichen sie den Armen überlassen?"

Graffito

16 KURZES KAPITEL: HÖRE AUF ZU KÄMPFEN – LASS DICH TREIBEN!

RTL-Sendung DSDS: Wer kennt sie nicht, die Aussagen der Moderatoren? Du warst schlecht im Casting, du kannst nicht gut singen aber: Du hast gekämpft und gekämpft … so oder so ähnlich bekommt man diesen S … nicht nur in DSDS Castingshows präsentiert. Ja, ich kann den Blödsinn echt nicht mehr hören. Arme Jugend, was bekommst du nur eingetrichtert? „Du hast zwar keine Begabung, aber du hast gekämpft. Und durch das Kämpfen bringst du alles wieder ins Lot." „Weisheiten" von falschen Gutmenschen, mit denen die Gesellschaft wieder auf Leistung getrimmt werden soll.

1. Was für eine menschliche Arroganz ist es denn, einem Menschen glaubhaft machen zu wollen, er könnte durch sein Eingreifen und seine Anstrengungen den göttlichen Willen verändern bzw. zu Recht biegen?
2. Ich bin gegen das Kämpfen. Denn Kampf allein lohnt sich, anders als es so mancher gutmenschliche Prediger einem glaubhaft machen wollen, am Ende eben meistens nicht. Wir bekommen irgendwann zu spüren, wenn wir uns und unser Leben nicht nach dem göttlichen Willen ausrichten. Was ist, wenn man sich in einer Sache sehr viel Mühe gegeben hat, jedoch alles Kämpfen umsonst war? Ist dann nicht viel Energie und Lebenszeit verloren gegangen für ein Ziel, das gar nicht zu einem passt? DSDS ist nur ein Beispiel dieses menschlichen Irrwegs. Da tun Kandidaten alles dafür, um Superstar zu werden und wenn sie es dann am Ende geschafft haben, kommt schon nach kurzer Zeit der Absturz: Drogen, Alkohol, Skandale. Und am Ende interessiert sich keiner mehr für den einstigen Superstar. Ist das wirklich erstrebenswert?! Diese ungemütliche Lebensweisheit des

Kämpfens wurde auch zum Beispiel, den Soldaten Napoleons und Hitlers eingebläut: Russland ist zwar groß und der russische Winter kalt, aber wenn wir kämpfen und alles geben, dann können wir auch Russland erobern. Wir müssen ja nur wollen! Ja genau! Hä hä hä! Millionen Soldaten mussten auf tragische Weise erfahren, dass diese „Lebensweisheit", am Ende nur eine Welt-Lüge war. Das Wort „Fleiß" kommt übrigens aus dem germanischen und bedeutet Kampfesmut, bezogen auf den Krieg. (Siehe Wikipedia Fleiß). Der Kapitalismus ist Krieg und Kampf: Jeder gegen Jeden. Kämpfen, das machen tatsächlich nur Soldaten. Und die bekommen am Ende eine Kugel in den Leib und das war's.

Wie Jesus schon sagte: „Wer zum Schwert greift, wird durch das Schwert enden." Leider ist das Kämpfen auch im Zivilleben weit verbreitet. Ein gutes Beispiel war das Scheitern der Bildungsministerin Anette Shavan: Erst ein nervenaufreibender Kampf um einen Doktortitel und dann doch der Rücktritt. Annette Schavan: Doktortitel vor Gericht verloren – SPIEGEL ONLINE www.spiegel.de › Leben und Lernen › Job › Annette Schavan 20.03.2014 – Niederlage für Annette Schavan: Die Uni Düsseldorf durfte der früheren Bildungsministerin den Doktortitel entziehen, das Plagiatsverfahren lief ...

Die gute Frau hätte sich viele Nerven sparen können, indem sie auf die Eitelkeit eines Doktortitels von vornherein verzichtet hätte. Ich habe es satt und bin gegen das Kämpfen. Denn wenn wir kämpfen, verbrennen wir sehr viel Energie und verkennen wir die Wahrheit, was gut oder schlecht für uns ist. Klüger wäre es doch, erst die persönliche Bestimmung zu finden. Für was bin ich berufen auf dieser Welt? Nur wenn wir uns treiben lassen und dem göttlichen Willen, der uns versorgen will, Raum geben, werden wir auch schneller erkennen, ob wir das Glück auf unserer Seite haben oder nicht. Wenn das Glück nicht auf deiner Seite ist, dann bringt auch das ganze Kämpfen nichts. Man ist doch sogar mehr gefrustet, wenn man kämpft, und das jeweilige Vorhaben scheitert dann doch. Du hast dann Energie sinnlos investiert. Ist das Glück allerdings auf deiner Seite, dann brauchst du auch nicht zu kämpfen wie blöd und kommst trotzdem ans Ziel. Buchtipp hierzu: *„Gar nichts tun und alles erreichen. Entdecke deine wahre Natur"* von Werner Ablass.

> *„Glück kann man nur haben, wenn man faul genug ist.*
> *Man muss dem Glück auch eine Chance geben."*

(Aus Glücksmomente für jeden Tag)

TEIL 3

Freiheit!
Von Kacke
befreit

17 WIDERSTAND UND KRITIK AM KAPITALISMUS, AN AUTOS UND AN DER LEISTUNGSGESELLSCHAFT

(Von alternativen Organisationen und Einzelpersonen)

Maschinenstürmer

Die Maschinenstürmer waren eine Protestbewegung gegen die sozialen Folgeerscheinungen der Mechanisierung in der Industriellen Revolution. Häufig war die Zerstörung von Maschinen oder neu errichteten Fabriken ein Mittel, um die von Fabrikanten beabsichtigte Ersetzung von qualifizierten Arbeitern durch Ungelernte zu verhindern, oder um gegen Verschlechterungen der Lohn- und Arbeitsbedingungen zu protestieren. Schwerpunkt des so genannten Maschinensturms war England. Aber auch in Deutschland, Österreich und der Schweiz kam es zu ähnlichen Protesten.

Sie waren edle Streiter für Gerechtigkeit, die Maschinenstürmer, auch Ludditen genannt, nach deren Anführer General Lud.

Lange Zeit galten die Aktionen der Ludditen als irrationale Zerstörungswut. Doch Heute und bei näherer Betrachtung lässt sich ein tieferer Sinn erkennen: Macht kaputt, was euch kaputt macht! Die Maschinen zerstörten damals freiberufliche Handwerkbetriebe wie Schneider, Schuhmacher etc. Allerdings könnten heute humanoide Roboter die unfreien und schlechtbezahlten Sklavenjobs in den Fabriken zerstören, was wiederum positiv zu bewerten ist. Dann aber nur mit einem Bedingungslosem Grundeinkommen (BGE). Dazu aber später.

Lebensreformer

Die Lebensreform ist der Oberbegriff für verschiedene seit Mitte des 19. Jahrhunderts insbesondere von Deutschland und der Schweiz ausgehenden Reformbewegungen, deren gemeinsame Merkmale die Kritik an Industrialisierung beziehungsweise an

Materialismus und Urbanisierung, verbunden mit einem Streben nach dem Naturzustand, waren. Die Lebensreformer bauten hautsächlich Obst und Gemüse an, versorgten sich größtenteils selbst und ernährten sich vegetarisch. Raus aus den Fabriken, rein in die Natur. Ein gesundes Leben und weg von Tabakkonsum, Alkohol und Drogen. So wurden z. B. die alternativen Siedlungsprojekte wie Monte Verita bei Ascona in der Schweiz und die Obstbaugenossenschaft Eden bei Oranienburg gegründet. Schon der Name Eden (Paradies) zeigt die Idee, die dahintersteckt: Die biblische Vertreibung aus dem Paradies soll nicht hingenommen werden. Als bedeutende Vorkämpfer der Lebensreform-Ideen galten der Maler und Sozialreformer Karl Wilhelm Diefenbach und auch der Gesundheitsapostel Pater Kneipp (Kneippkuren). Eine übergreifende Organisation besaßen die verschiedenen Bewegungen nicht. Dagegen bestanden zahlreiche Vereine. Ob die Reformbewegungen der Lebensreform eher als modern oder als anti-modern und reaktionär einzuordnen sind, ist in der Literatur umstritten; beide Thesen werden vertreten.

Der eiserne Gustav

Mein Liebling. Für mich als Autohasser ein wahrer Held! Gustav Hartmann- Droschkenkutscher fuhr mit seiner Droschke (ein leichtes, offenes und gefedertes Gefährt mit Pferd für bis zu fünf Personen) von Berlin nach Paris und wieder zurück, als Protest gegen das immer stärker werdende Aufkommen der (stinkenden, lärmenden) Autos. Früher Widerstand gegen den Autowahn im Zuge der zweiten Industrialisierung.

Die 68er-Bewegung/Gammler/Hippies

Ein Hoch auf Rudi Dutschke! Sein Charisma und seine revolutionären Ideen beeindrucken noch heute. Ein antiautoritärer Sozialismus kann im Ansatz eine Vorlage für eine alternative Gesellschaft sein. Angehörige der Generation 68, im Besonderen aktive Teilnehmer der Bewegungen, werden 68er, beziehungsweise Alt-68er genannt. Es werden aber auch allgemein die Geburtsjahrgänge 1940 bis 1950 als 68er-Generation bezeichnet. Seit dem Jahr 2005 beginnt diese Generation, das reguläre Renteneintrittsalter zu erreichen. Aus der Alltagswahrnehmung heraus wird 1968 oft vereinfacht als Generationenkonflikt betrachtet. Diese Sichtweise lässt aber die unterschiedlichen weltweiten Schauplätze und die gleichzeitige Teilnahme verschiedener Generationen außer Acht. Unter Rückgriff auf ein differenziertes generationstheoretisches Konzept lässt sich die soziale Bewegung von 1967/68 aber durchaus als generationelle Protestbewegung begreifen.

Die 68er-Studentenbewegung. Diese Studenten kämpften zwar auch gegen die Auswüchse des Kapitalismus, die letzten Endes wieder mal in einen Krieg mündeten (Vietnamkrieg). Doch das eigentliche Problem, nämlich ausbeuterische Arbeit und das Hinterherjagen nach Geld in der deutschen Nachkriegsgesellschaft, konnten auch sie nicht lösen.

Quelle: Wikipedia Westdeutsche Studentenbewegung der 1960er Jahre.

Gewerkschaften

Der Widerstand von Gewerkschaften war seither nur auf Lohnsteigerungen und die Bekämpfung schlechter Arbeitsbedingungen beschränkt, ohne überhaupt die Wurzel des Problems, die selbstzerstörerische Arbeit, anzugehen.

Natürlich unterstütze ich als Müßiggänger alles, was „sozial" ist in diesem Lande, aber: Obwohl doch gerade die Arbeit an sich das Problem ist, sind auch Gewerkschaften im Kern für die Vollbeschäftigung der Menschen.

Den „lebenslangen Streik" des Müßiggängers gegen die kapitalistische Ausbeutung lehnen die Gewerkschaften ab und zielen somit an der Lösung aus der Krise der Weltausbeutung und Überproduktion vorbei.

Occupy-Bewegung/Occupy Germany

Die kapitalismuskritische Bewegung Occupy: Occupy ist Englisch und bedeutet besetzen. „Besetzt" werden sollten vor allem Banken, die durch ihre zügellosen Finanzspekulationen die Welt immer wieder in ein Krisenchaos stürzen. Vorbild der deutschen Occupy-Bewegung ist die US-amerikanische Occupy-Wall-Street-Bewegung, die von Mitte Sep. bis Mitte Nov. 2011 den New Yorker Zuccotti Park in der Nähe der Wall Street besetzt hielt. Demonstriert wurde unter anderem gegen soziale Ungerechtigkeit und eine Liberalisierung des Bankenwesens.

Ich selber „besetzte" (demonstrierte) schon mal mit gleichgesinnten Occupy-Anhängern auf dem Ulmer Münsterplatz. Damals war ich noch Mitglied in der Linkspartei. Die Demos gingen jedoch hauptsächlich von Attac, den Globalisierungsgegnern aus. Die Occupy-Bewegung war eine Reaktion auf die Banken- und Finanzkrise 2008/2009, aus der wie bei allen Krisen des Geldsystems nichts dazugelernt wurde. Im Gegenteil: Das Bankensystem blieb neoliberalisiert statt kontrolliert und wurde auf Kosten des Steuerzahlers „gerettet". Gegen diesen Ausdruck der kapitalistischen Gier und des Auswuchses in Form von unkontrollierten Spekulationsgeschäften gingen wir damals auf die Straße. Auch Themen wie Harz IV und Leiharbeitssklaverei wurden angesprochen.

BUCHAUTOREN

Paul Lafarge Autor

Paul Lafarge: geb. Am 15. Jan. 1842 in Santiago de Cuba. gest. am 26. Nov. 1911 in Draveil, Seine-et-Oise, (heute Essonne) war ein französischer Sozialist und Arzt und Buchautor.

Sein berühmtestes Werk: „Das Recht auf Faulheit". Lafargue prangert auch die Arbeiterschaft und die Gewerkschaften an, die durch ihren mangelnden Widerstand und falscher, fast schon masochistischer Liebe zur unfreien Arbeit, Ausbeutung erst möglich machen.

Tom Hodgkinson Autor

Tom Hodkinson beschreibt in seinen Büchern (Kunst des Müßiggangs, Anleitung zum Müßiggang) die Vorteile des „Faulseins" und gibt die passenden Tipps für ein freies Leben ohne Konsum- und Arbeitszwang.

Günter Wallraff

Hans-Günter Wallraff: Geb.am 1. Oktober 1942 in Burscheid, ist ein deutscher Enthüllungsjournalist und Schriftsteller. Wallraff berichtet schon oft über diverse Großunternehmen und deren Machenschaften. Günter Wallraff deckt in vielen Reportagen Missstände in der Arbeitswelt auf.

Kommunisten/linke Parteien

(Siehe Gewerkschaften)

Anarchisten

Anarchismus: Abgeleitet vom altgriechischen bedeutet Anarchismus Herrschaftslosigkeit. Eine politische Ideenlehre, die jede Herrschaft und Unterdrückung ablehnt. Der Anarchismus strebt die endgültige Freiheit des Individuums an, besonders auch die Freiheit von unfreier Arbeit in kapitalistischen oder totalitären Zwangssystemen (Slogan: Arbeit ist Scheiße!). Politische Kraft in der BRD ist die Partei APPD = Anarchistische Pogo Partei Deutschlands. Radikales, politisches Gegenstück zur Anarchie ist ein totalitärerer Faschismus.

Vagabunden (Landstreicher/Obdachlose)
Vagabundenkongress 1929

Der internationale Vagabundenkongress 1929 fand an Pfingsten, dem 21.–23. Mai 1929, in Stuttgart mit circa 500 Vagabunden statt. Thema war unter anderem auch ein freies Leben ohne Arbeitszwang und der lebenslange Streik. Obwohl Presse und staatliche Organe versuchten, den Kongress zu unterbinden, fand er trotzdem statt. Das Lebensgefühl, das den Vagabunden in der Zeit Auftrieb verschaffte, waren die Bücher von Jack London und B. Traven sowie der Leinwandstar Charlie Chaplin. Sogar eine „Bruderschaft der Vagabunden" wurde gegründet und eine Zeitschrift mit der Bezeichnung „Der Kunde" (Die Eigenbezeichnung der Vagabunden) wurde herausgegeben. Die Nazis verboten die „Landstreicherei".

Obdachlose heute

In der heutigen Zeit leben viele Obdachlose, wie die Vagabunden von heute meist genannt werden, in Städten wie Frankfurt, Hamburg und die meisten in Berlin (Hauptstadt der Obdachlosen). Obdachlos bedeutet ohne festen Wohnsitz lebend. Neben dem üblichen „Penner" (was nicht beleidigend gemeint ist), oder soll ich besser sagen „Kunden", gibt es auch Jugendliche, meist Punks, die von zu Hause weggelaufen und ebenfalls als Obdachlose auf der Straße leben. Es gibt auch Aussteiger, die bewusst dieses Leben als Weg zur persönlichen Freiheit wählen und mit Zelt, Schlafsack und Isomatte durch die Welt ziehen.

Ralph Boes

Ralph Boes ist ein wahrer Held im Kampf gegen das Hartz IV-System. Boes ließ Sanktionen des Jobcenters auf sich zukommen und reagierte mit „Sanktionshungern" als Form des Widerstandes.

Ein wahrer Held im Kampf gegen den Harz IV-System und Sanktionswahn. Boes wurde zu 100 % sanktioniert und erhält derzeit lediglich Lebensmittelgutscheine. Mit Spenden von Freunden hält er sich über Wasser. Boes verfasste Petitionen an den Deutschen Bundestag und gründete die Initiative „Wir sind Boes" gegen das Harz IV-Sanktionssystem.

*„Ich trug immer seine **Lasten**.*
Zum Dank nannte er mich Esel."

Unbekannt

18 ALTERNATIVEN ZUM KAPITALISMUS UND ZUR LEISTUNGSGESELLSCHAFT

Der Ursprung des Wortes Kapitalismus liegt im lateinischen „capitalis", das so viel wie „den Kopf betreffend" bedeutet. Einer Deutungshypothese zufolge wurde im 16. Jahrhundert mit dem lateinischen Lehnwort „capitale" („Vermögen") die Kopfzahl eines Viehbestandes bezeichnet, wohingegen frisch geworfene Tiere als „census" („Zins") galten.
Quelle: Wikipedia Kapitalismus

Anderen Quellen zufolge machten schon im Lateinischen „caput" („Kopf") und „capitalis" einen Bedeutungswandel durch, der dem deutschen „Haupt-" ähnelt. In Wirtschaftsrechnungen war die „summa capitalis" die Hauptsumme, aus der später das „Kapital" entstanden sein soll. Der „Kapitalismus" im heutigen Sinne tauchte erstmals im 18. Jahrhundert in Frankreich auf, wo die Wörter „capitaliste" und „capitalisme" gebräuchlich waren. Im Deutschen wurde das Wort nicht, wie viele Menschen glauben, von Marx oder Engels eingeführt: Es tauchte erstmalig im Jahre 1902 in Werner Sombarts „Der moderne Kapitalismus" auf und kurze Zeit später, im Jahre 1904, in Max Webers „Die protestantische Ethik und der ‚Geist' des Kapitalismus".
Wir müssen verstehen, was Kapitalismus ist: Es geht um Vermögen, Zins, Konkurrenz, Wettbewerb, Wachstum, Ausbeutung, aber nicht um Menschlichkeit oder Umweltschutz.

Kommunismus, die Lösung gegen die Gier des Kapitalismus?
Der Kommunismus führte, wie wir wissen (wie auch in anderen totalitären Systemen), zu einer massiven Einschränkung der Freiheit und zu einer Robotisierung/Vereinheitlichung des Menschen. Z. B. war die DDR ein Staat mit einer massiven Einschränkung der persönlichen Freiheit und mit Uniformie-

rung (FDJ), ein eher faschistischer Staat. Die Ideale des Kommunismus traten in den Hintergrund, in einem von Denunzianten gespickten System ständiger Überwachung. Auch wenn sich der Arbeiter in den volkseigenen Betrieben kaum den „Fuß ausriss", so ist dennoch eine Arbeitspflicht, wie sie in der DDR Gesetz war, eine unmenschliche, faschistische Einschränkung der Freiheit des Menschen. Im Kapitalismus werden die Menschen von Firmen ausgebeutet und im Kommunismus ist es eben der Staat, der die Menschen ausbeutet. Nicht umsonst war Karl Marx mit seinem Schwager Paul Larfarge (Buch: Das Recht auf Faulheit) zerstritten.

Karl Marx verherrlichte die Arbeit und die Industrialisierung, die zur Massenarmut führte.

Der Kommunismus ist gescheitert und gehört daher auf den Müllhaufen der Geschichte. Jede Staatsform, jede Ideologie, jede Gesellschaftsform, die das freie Leben auslöscht oder den Wert des freien Lebens geringschätzt, ist zu verdammen.

Allgemeines

Eine Alternative, die ich mir als Staats- und Gesellschaftsform vorstellen könnte, wäre eine Mischung aus Anarchie und dem Glücksprinzip, wie sie in einem kleinen Land im Himalaya praktiziert wird: Bhutan. Das Glück des Menschen steht in diesem buddhistischen Land im Vordergrund. Bruttosozialglück statt Profitmaximierung. Das sollte, wie ich finde, das oberste Staatsziel sein: Glück und nicht das unheilvolle Streben nach Profit. Eine Form von **Spirituellem Anarchismus.**

Es wird auch endlich Zeit, finde ich, dass sich auch die Gewinner des Raubtierkapitalismus an der Bewältigung der Finanz- und Schuldenkrise beteiligen. Reichtum höher besteuern und ein ausrechender, flächendeckender Mindestlohn wäre das Mindeste, was man tun sollte, um ein gewisses Maß an sozialer Gerechtigkeit und Solidarität aufrechtzuerhalten. Obwohl ich zweifle, dass sich die Dinge auf politischem Wege ändern lassen, wären meine Forderungen an die Politik diese: Die Finanz und Kapitalmärkte müssen unter Kontrolle gebracht werden, sonst kann die Gier des Menschen, wie wir ja durch die Finanz- und Schuldenkrise eindrucksvoll gesehen haben, gefährlich werden. Gegen die Ausbeutung von Mensch und Natur muss entschieden vorgegangen werden.

„Gartenbau-AG" als Ergänzung zum „Gründergeld" (Früher: Ich-AG) für Hartz IV-Empfänger und Arbeitslose
Der Staat soll den Arbeitslosen, die sich für eine „Gartenbau-AG" interessieren, Land zur Verfügung stellen, um eine Selbstversorgung für jedermann zu ermöglichen, nach Vorbild lebensreformerischer Projekte wie der Eden Gemeinnützige Obstbau-Siedlung in Berlin (Siehe dazu Lebensreform- Eden Gemeinnützige Obstbau-Siedlung Wikipedia). Auch sollten bei den Arbeitslosen Talente und Fähigkeiten genutzt werden, um deren Selbstverwirklichung zu ermöglichen, zum Bedingungslosen Grundeinkommen selbstverständlich.

Zudem: Autarke Energiesparhäuser mit Solarmodulen auf dem Dach für Jedermann!
So lebt es sich in einem Selbstversorgerhaus – YouTube
https://www.youtube.com/watch?v=vS4rQTDoCAk

Kampf der „Wegwerfmentalität" und dem Konsumwahn
Wir brauchen eine moralische Erneuerung der Gesellschaft: Abgelaufene Lebensmittel z. B. dürfen nicht mehr weggeworfen werden, sondern müssen per Gesetz der Gesellschaft kostenlos zur Verfügung gestellt werden. Warum z. B. dürfen Angestellte einer Supermarktkette abgelaufene Lebensmittel nicht nach Hause mitnehmen? Warum ist Containern in Deutschland nicht völlig legal?

Die Zollgebühren für ausländische Produkte müssen erhöht werden, um den heimischen Markt vor der Konkurrenz aus dem Ausland (China) zu schützen. Weg von der Globalisierung, hin zu einer stärkeren Binnenkonjunktur. Ich bin für strengere Tier- und Umweltschutzgesetze. Tierversuche verbieten. Versicherungshandel verbieten. Zudem bin ich für ein Rätesystem (siehe Räterepublik) für alle lokalen Angelegenheiten in den Gemeinden.

Religion/Ethik/Bildung

Mehr spirituelle, ethische, moralische und interreligiöse Erziehung, mit Achtung und Toleranz den anderen Religionen gegenüber. Gleichberechtigte Förderung aller Religionen.

Schulpflicht Abschaffen!

Eine moralische Wertevermittlung und soziales Miteinander der Kinder müssen wieder im Vordergrund stehen. Kein Sozialdarwinismus mehr.

Meditation muss ein fester Bestandteil im Unterricht werden.

Was aber am wichtigsten wäre: Eine Veränderung im Bewusstsein des Menschen. Die Schärfung des moralischen Gewissens/Bewusstseins und globaler Verantwortung, z. B. im Umgang mit Konsum schon in der Erziehung. Dabei ist die ganze Gesellschaft gefragt. Alle Religionen sollten gleichermaßen gefördert und geachtet werden. Politische Bestandteile von Religionen sollten allerdings verboten werden. Klare Trennung von Staat und Religion.

Umverteilung/Reichensteuer
Reiche, gebt von eurem Reichtum!

In letzter Konsequenz bin ich für einen kompletten Umbau der Wirtschaft:

Eine massive Reichen- und Unternehmenssteuer.

Deutschlands Privathaushalte besitzen im gesamten 4.939 Milliarden Euro Geldvermögen. Gleichmäßig umverteilt auf alle Haushalte und jeder Bundesbürger hätten rein rechnerisch ca. 83 000 Euro auf der hohen Kante!

Genug Geld, um sich selbständig zu machen oder mit einem Stück Land als Selbstversorger durchzustarten.

Spitzensteuersatz bis **mindestens (!)** 53 % (Spitzensteuersatz unter Helmut Kohl) und Wiedereinführung der Unternehmenssteuer.

Auch eine einmalige Zwangsabgabe für Vermögende ab einem Barguthaben von über 100 000 EUR sollte man in Krisenzeiten in Erwägung ziehen.

Das vereinnahmte Geld sollte mit göttlicher Hilfe reichen, um soziale Projekte wie das Bedingungslose Grundeinkommen voranzutreiben.

Abwanderungssteuer für Vermögende/Firmen

Vermögende (die vom Spitzensteuersatz betroffen sind) zahlen bei Auswanderung 50 % ihres Barvermögens Abwanderungssteuer an die Staatskasse. Firmen, die wegen höherer Steuern aus Deutschland abwandern, zahlen zu dem das Dreifache der üblichen Abfindungen an jeden entlassenen Arbeitnehmer/In, der wegen der Firmenabwanderung seinen Job verliert. Reiche mit einem Barvermögen ab 1 Million Euro, wie der französische Schauspieler Gérard Depardieu, die aufgrund hoher Steuern eine neue Staatsangehörigkeit suchen (siehe. Reise durch den Kaukasus | ZEIT ONLINE

www.zeit.de › DIE ZEIT Archiv › Jahrgang: 2014 › Ausgabe: 18), sollten mit einer zusätzlichen Abwanderungssteuer von mindestens 50 % ihres Besitzes belegt werden. Bei Verweigerung droht Strafverfolgung über Interpol wegen Landesverrat bzw. Wirtschaftsverbrechen (zwischen den meisten Staaten bestehen Auslieferungsverträge).

Ähnliches gab es schon in der Weimarer Republik. Die sogenannte „Reichsfluchtsteuer". Warum dieses Gesetz nicht wieder einführen?

Freies Naturleben wie bei den alten Germanen.

Freier Wald für freie Menschen, für diejenigen, die das wollen. Wälder Flüsse und Seen werden zum Allgemeingut aller Menschen.

In meiner Vorstellung sehe ich ein freies, spirituelles, Ökotopia: Menschen, die sich wieder direkt von der Natur ernähren (Jagen, Fischen, Sammeln).

Schrittweiser Umbau der Wirtschaft und Selbstversorgung und Selbständigkeit für Jedermann und jede Frau

Wichtige Wirtschaftszweige, wie Energie, Teile des Finanzwesens (Großbanken, wichtige Versicherungen), sowie 3 der Profitstärksten Exportbranchen sollten vorerst verstaatlicht werden.

Förderung des ökologischen Landbaus. Bau von autarken Häusern (Energiesparhäusern) und Selbstversorgung. Selbstversorgung der Bevölkerung mit Lebensmitteln als freie Gemüse- und Obstbauern.

Siehe z. B. Lebensreform „Garten Eden Programm". Gezielte Förderung der selbständigen und freiberuflichen Arbeit. Jeder wird sein eigener Chef/Chefin.

Alternativ: Robotisierung. Völliger Ersatz menschlicher Arbeitskraft durch humanoide Roboter.

In den Straßen der Städte fahren nur noch Elektroautos und/oder evtl. schrittweise Rückkehr zu Pferden und Pferdekutschen als Transportmittel. Einführung der 15-Stunden-Woche bei vollem Lohnausgleich. Überall herrscht Ruhe und saubere Luft. In den Parks wird meditiert. Ora et athletica (Sport) und morari (verweilen) statt ora et labora. Raus aus den Fabriken – rein in die Natur. So sollte es sein! Eine Herrschaft der „Elois". Ein später Sieg der Lebensreformer in einem Königreich der Himmel auf Erden. Eine Welt, wie sie in dem Film „Der grüne Planet" gezeigt wird.

Der grüne Planet (Spielfilm) :: Spirituelle Filme :: Kategorien :: LdSR ...

www.ldsr-mediatreff.de/category/video/Der-gruene-Planet-Spielfilm/.../15

Video zu „Der grüne planet deutsch"

15.07.2006

Der grüne Planet Besuch aus dem All weit weg von der Erde und 4000 Reisejahre weit entfernt ...

Jeder Mensch ist sein eigener Herr! Kein Chef (außer Gott/die Natur/das Universum) steht mehr über ihm. Selbstverwirklichung des Einzelnen nach seinen naturgegebenen/göttlichen Talenten und Fähigkeiten.

Müßiggang ist Menschenrecht!
Vor allem: Das Recht auf Muße und Müßiggang muss als Menschenrecht im Grundgesetz der BRD verankert werden. Nie wieder Zwangsarbeit und „Arbeit macht frei"!

Steigerung des **Bruttosozialglücks** und der **Bruttosozialmuße mit Hilfe des humanen Fortschritts! Sozial, frei und ökologisch, so könnte ich mir die menschliche Alternative zum Kapitalismus vorstellen. Ein spiritueller Anarchismus.**

Die euphorischen Prophezeiungen nach der Erfindung der Dampfmaschine, nämlich die **15-Stunden-Woche bei vollem Lohnausgleich und vollem Wohlstand,** ohne auf etwas verzichten zu müssen, sollten wir jetzt endlich einfordern!

Allerdings glaube ich eher an einen spirituellen Weg als Bewusstseinsprozess des Einzelnen als an einen politischen Akt der Veränderung. Wir Menschen können nur für uns selber das Beste aus unserem Leben machen und uns, so gut es geht, selbst aus der bürgerlichen Matrix des bestehenden Systems befreien. In kleinen Schritten durch eine Verringerung des Konsums etc. immer mehr zu einem Leben ohne Fremdbestimmung und befreit vom Wahn des Materialismus.

„Nichtstun erquickt."

Cicero

19 KURZES KAPITEL: WARUM GEWALT MIT DEM MÜSSIGGANG NICHT VEREINBAR IST

Der Müßiggang ist unter anderem eine Form des gewaltlosen Widerstandes gegen üble Arbeitsbedingungen. Siehe auch den gewaltlosen Widerstand von Gandhi in Indien.

Der „Faulenzer" ist ein Revolutionär, weil er sich mit seiner Lebensart gegen die der üblichen Gesellschaft entgegenstellt. Ein Revolutionär gegen die Tyrannei der Arbeitsfaschisten und Workaholics. Allerdings ist ein müßiger Mensch im Normalfall friedfertig und greift nicht zur Waffe, um das System zu ändern. **Wichtig!**

Es sei denn, die Gesellschaft würde die Muße komplett verbieten und diese Menschen verfolgen (Eine Gefahr, die weiterhin besteht, siehe Arbeitsdienstpflicht Drittes Reich). Da wäre auch für den Müßiggänger Schluss mit lustig und er würde seine Lebensweise zur Not mit Gewalt verteidigen. Wenn man die Geschichte verfolgt, so wird man erkennen, dass es zwangsläufig zu einer Revolution kommt, wenn die Missstände zunehmen. Dies ist ein natürlicher Prozess. Bestes Beispiel: Die Französische Revolution. Dem Armen kann nur geholfen werden, wenn der Reiche sich quasi „barmherzigt" und dem Armen hilft und ihm etwas von seinem Reichtum abgibt. Wenn der Reiche jedoch nicht barmherzig ist und sich mit Händen und Füßen wehrt, die Politik erpresst (Stichwort: Abwanderung) und/oder mit Geldgeschenken und Manipulation die Politik weiter beeinflusst (Lobbyismus), dann ist der soziale Frieden massiv gefährdet und eine gewaltsame Revolution die natürliche Folge. Es kann doch auch nicht im Sinne der Reichen sein, wenn wir bei uns brennende Städte sowie Gewalt und Chaos auf den Straßen haben. Doch die Geschichte wird sich wiederholen, wenn sich nichts ändert. Es bleibt eine mathematische Gleichung. Die Politik muss endlich aufhören, vor den Wirtschaftsmächtigen zu knien.

Natürlich ist Gewalt primitiv, unmenschlich zugleich und löst meist keine Probleme. Trotzdem wird gerade in den Medien Eindruck vermittelt, als könnte man mit Gewalt Probleme lösen. Kaum ein Actionfilm ohne eine Unmenge von Toten. Die Nachrichten sind gespickt von Meldungen über Gewalt und Krieg. Gewaltverherrlichende Musik und Musikvideos. An vielen Schulen ist Gewalt an der Tagesordnung. Und in Berlin wird Jonny K. am Alexanderplatz zu Tode geprügelt. Was hat gerade das Thema Gewalt in einem Buch zu suchen, das vom Müßiggang handelt? Sehr viel. Denn gewalttätige Handlungen sind eine sinnlose Aufwendung von Energie, fördern den Stress und führen zu mehr Angst. Für die Sanftmut eines wahren Faulpelzes unwürdig. Jedes Lebewesen hat Angst vor der Gewalt, predigte schon der Buddha.

Ich bin für mehr Gewaltprävention gerade an Schulen. Was nutzt es, den Schülern zig Stunden Mathematik einzubläuen, wenn das Menschliche auf der Strecke bleibt? Mobbingprävention vielleicht sogar als Unterrichtsfach. Dies fände ich wäre wichtig.

Update: Der ehemalige TV-Serienheld Carsten Stahl aus „Privatdetektive im Einsatz" macht hierbei mit seinem Camp Stahl https://www.camp-stahl.de/eine sehr gute Arbeit! Seit Jahren kämpft Stahl gegen Gewalt und Mobbing an Schulen. Bravo!

„Der Kerl, der die Arbeit erfunden hat,
der muss nischt zu tun jehabt haben!"

Aus Berlin

„Ein wirkliches Glück
ohne Müßiggang ist unmöglich."

Anton Cech

„*Was wir kreative Tätigkeit nennen,*
sollten wir nicht ‚Arbeit' nennen,
weil sie das nicht ist. Ich denke, dass
Thomas Edison in seinen letzten fünfzig
Jahren nicht einen Tag gearbeitet hat."

Stephen Butler Leacock (1869–1944),
kanad. Humorist. Schriftsteller

Sorgen eines Arbeitenden

Ob gestern, heute oder morgen,
stets plagen dich die Arbeitssorgen.
du gehst zur Arbeit, morgens schon,
hat der Chef 'nen rauen Ton.
Auch die Launen der Kollegen,
lässt du über dich ergehen.
Am Mittag hast du ganz vergessen,
nebenbei noch etwas zu essen.
So viel Arbeit hast du heute,
schlecht gelaunt sind viele Leute.
Keiner weiß, wie froh du bist,
als endlich Feierabend ist.

Von Stephan Koralles

Die Bestie vom Teufelsmoor

Die Bestie vom Teufelsmoor,
aus dem Wald kommt sie hervor.
Ein Kind es steht am Waldesrand,
dass Schattenwesen hat es gleich erkannt.
Ein Mädchen man hat es beim Wandern vergessen,
doch jetzt wird das Fräulein sofort gefressen.
Die Polizei vor Ort ist sehr entsetzt,
die Kleider des Opfers, sind total zerfetzt.
Die Dorfbewohner empört über diese mörderische Sache,
versammeln sich und schwören auf Rache.
Das Monster kommt wieder,
traurig klingen die Lieder.

Das Untier wird nicht eher Ruhe geben,
bis niemand mehr von uns wird leben.
Wir müssen die Ausgeburt der Hölle jagen,
sonst wird uns das Unheil für immer plagen.
Über 100 Mann mit Gewehr,
gehen im Wald hin und her.
Doch der Dämon die Chance erkannt,
sich in der Zeit im Dorf befand.
Zehn Menschen mussten daran glauben,
das Biest konnte beliebig Leben rauben.
Das Monster kommt wieder,
traurig klingen die Lieder.

Von Jürgen- Julia Braun 1997

Der Kranke

Ich erleide Höllenqualen,
fühle mich traurig, nutzlos und klein.
Dennoch möcht' ich gern was malen,
doch so sehr ich überlege, mir fällt nichts ein!
Ich bedauernswertester unter allen,
schreibe daher diesen Reim.

Oh –, wie schmerzen Kopf und Rücken!
Wenn meiner einer im Bette liegt.
Wie werd' ich die Phase bloß Überbrücken?
Will hoffen dass die Zeit verfliegt.
Was lassen Kranke über sich ergehen?
Über jeder Hilfe ist man dankbar.
Manch' Gesunder kann das nicht verstehen,
obwohl er auch er, schon einmal krank war.

(Ein Tag später): Doch jetzt bin ich geheilt und munter,
nichts Schöneres gibt es auf der Welt.
Verkaufe wieder meinen Plunder,
Hauptsache gesund, das ist's was zählt.
Ich kann wieder laufen –, welch ein Wunder!
Jetzt mach' ich wieder, was mir gefällt.

Von Jürgen- Julia Braun 1997

Eine saubere Umwelt und Natur

Eine saubere Umwelt und Natur,
erlebt man heute kaum noch pur.
Im Wald geh' ich spazieren,
um eine Beere zu probieren.

Ich suche bis mir die Lust vergeht,
dann wird es dunkel –, es ist zu spät!
Die Sonne geht unter und der Tag geht zu neige,
sie scheint nicht nur auf grüne Zweige.

Oft abgestorben die Bäume sind,
doch die Politiker –, sie bleiben blind.
Kurzsichtig denken, es geht nur ums Geld,
als wäre Reichtum das Einzige, was zählt auf der Welt.

Aber wo bleibt die Vernunft?
Wer sorgt für unsere Zukunft?
Wenn nicht bald Weisheit über Egoismus siegt,
ist dies das Ende vom ganzen Lied!

Von Jürgen- Julia Braun 1997

Die Teufelsbrüder

Sie gehen auf Friedhöfe, machen schwarze Messen,
umgedrehtes Kreuz –, Dämonen werden beschworen.
Sie glauben Gott zu trotzen – wie vermessen,
der Wein des Bösen, er ist gegoren.

Ein Hamster wird geopfert in grausigem Ritual,
die Augen werden herausgestochen mit dem Dolche.
Unendlich ist des Tieres Qual.
Ihr Teufelsbrüder, Satanisten und auch Solche –

Geisterbeschwörer, Okkultisten –, oh, ihr Verdammten!
Davonkommen werdet ihr nicht.
Euch jagen nicht nur die irdischen Beamten,
wo Schatten ist, da ist auch Licht.

Auch die lichten Engel sind entsetzt über euer schändliches Treiben,
Satansverbrechen haben für sie ein hohes Gewicht.
Kapellen werden geschändet, auch die Toten ruh' muss leiden,
am End' bestraft wird jeder Bösewicht.

Nichts mehr wird euch im Leben mehr gelingen,
Finsternis und Unheil wird euch lange Zeit folgen.
Mit Alpträumen, Angst und Krankheiten werdet ihr ringen,
mit üblen Früchten wird's euch vergolten.
Was ihr getan, aus dummer Ignoranz und Neugier.

Von (Jürgen-) Julia Braun 2014

„Die Gleichberechtigung"

Einst da war der Mann, mutig, wild, bärtig und frei,
doch diese Zeit ist längst vorbei.
Die „Frau" regiert und dominiert,
Der Feminismus entmannt ganz ungeniert.
Das „Männlein" – es wird herumkommandiert, verändert und ver-
biegt,
kommt's zur Scheidung: Die Frau; Haus, Auto, Kinder und Unter-
halt kriegt.

In der Arbeit ist die Chefin streng,
meine Verfehlungen sieht „Frau Wichtig", kleinkariert und eng.
Einer Schlange gleicht der Arbeitsherrin starrer Blick,
aus Angst schnell ans Werk mich schick.
Eine Frau als Chef – der schlimmste Sklavenknechter!
Lohn, Arbeitsbedingungen –, alles wird schlechter.

Auch als Kolleginnen sind Frauen nicht zu genießen,
jeden betrieblichen Frieden können sie vermiesen.
Die Vetteln in der Firma brauchen Platz,
den männlichen Kollegen widersprechen sie bei jedem Satz.
Den Vorgesetzten in den Hintern kriechen,
vorlaute Weiber –, ich kann euch nicht riechen!

Die Arbeitshühner nehmen alles Werkzeug in Beschlag,
„picken los", sobald Kollege „Mann" sich in ihren Arbeitsbereich
wagt.
So nimm' doch Arbeitshexe dein Kehrbesen!
Reite darauf und flieg damit davon!
Sollst in deiner Arbeit ersticken und verwesen.

Von (Jürgen-) Julia Braun 2014
(Ich schrieb mir bei diesem Gedicht meinen Frust über das
weibliche Geschlecht von der Seele. Heute denke ich anders).

Der heilige Müßiggang

Oh Müßiggang du Edler!
Nie mehr würd' ich dich verraten.
Niemals wieder, in des Fleißes Wut geraten.
Nicht für Karriere, nicht für Geld.
Du bist mir das Wichtigste auf der Welt.
Sollen andre schuften und auch streben.
Muße du Schatz, mit dir möcht' ich leben.

Ich lass' mich treiben und von dir tragen.
Warum will niemand mehr, Faulheit wagen?
Fleiß heiß Kampfeseifer und auch Streit.
Burnout, Mobbing –, beim Arbeiten nicht weit.
Harmoniebedürftig nehme ich lieber,
ein Buch und setz mich nieder.
Geh' in den Wald, meditieren oder sparzieren.
singe Lieder –, lass' mir ein Bier servieren.

Setz mich vor ein Lagerfeuer und erzähl Geschichten.
Wer will's verbieten? Will mich richten?
Die Arbeitswütigen fällen Bäume, graben um.
Mit den Rohstoffen Erde, ist's eh bald rum.
Autos, Flieger und Fabriken –, das Klima verändert sich.
Doch der „Geldscheffler" fragt: Was kümmert's mich?
Süße Ruhe. In dir endet des Menschen Arroganz,
sein Selbstherrliches Schaffen und Leistungsaffentanz.
Du Gemächlicher gibst dem göttlichen Willen Raum.
Ich bin der Ast – du bist mein Baum.

Von (Jürgen-) Julia Braun 2014

Der Staat (und Konsorten)

Dir und deinen Medien hab ich geglaubt.
Das letzte Hemd hast du mir geraubt.
Erzählst uns Frau Holles Kindermärchen:
Du und das Geld – ihr seid stets ein Pärchen!
Wer immer fleißig ist, der kann's auch schaffen.
Doch daran glauben nur noch, die dümmsten Affen.

Dein Wasserkopf der wächst,
da du stets nur, die kleinen Leute schwächst.
Strom, Versicherungen, Auto und Miete –, wie soll ich's zahlen?
Es ist dir egal, du kannst mit Wirtschaftswachstum prahlen.
Du redest von Wohlstand, uns geht's ja noch gut.
Doch im Volk rumort und es steigt die Wut.

An der Tür klingelt der Versicherungsvertreter.
Ich lass' ihn nicht rein –, keinen Meter!
Du nimmst mir die Kraft, ich häng an Schläuche.
Doch immer dicker, wird der Volksvertreter Bäuche.
Ich fühle mich wehrlos, du saugst mich leer.
Als Sklave brauchst du mich noch und willst noch mehr.

Ich lass' mich von dir nicht mehr verarschen.
Hab genug, von deinen Injektionen, deinen Blutdrenaschen.
Von einer „Zwangsernährung" und deinem Köderspeck.
Auf Arbeit werde ich behandelt, wie der letzte Dreck.
Bist entlarvt mit deinen Lügen längst,
mit denen du nur, die naiven Mäuse fängst.

Du Staat! Sowie auch Banken, Firmen und Versicherungen.
Der Filz bei euch, ist überall durchgedrungen.
Ihr könnt nur nach erspartem wühlen,
immer voller werden wegen euch –, Klapsmühlen.
Ihr seid ein blutsaugerisches Gesockse,
im Zorn, ich in meinen Sandsack boxe.

Von (Jürgen-) Julia Braun 2014

Faul sein ist wunderschön!
(Songtext)

Faul sein ist
wunderschön, denn die Arbeit hat noch Zeit.
Wenn die Sonne scheint und die Blumen blühn,
ist die Welt so schön und weit.
Faulsein ist wunderschön, liebe Mutter glaub' es mir.
Wenn ich wiederkomm', will ich fleißig sein,
ja das versprech' ich dir.

Trall-la-la-lalallaaaaaaaa, die Mutter backt den Kuuuchen.
Der schmeckt dem Faulpelz gut,
genauso wie dem Fleißgen.
Ja, ja, ja faul sein ist wunderschön, ooohob mit ob ohne Geld.
Wer's nicht glaubt, der soll zuuhur Schule gehn',
wir ziehen in die Welt.

Trall-la-la-lalallaaaaaaaa, die Mutter backt den Kuuuchen.
Der schmeckt dem Faulpelz gut,
genauso wie dem Fleißgen.
Ja, ja, ja faul sein ist wunderschön, viiiehl schöner als der Fleiß.
Dieeehie Luft ist blau, deeer Wald ist grün,
und der kleine Onkel, der ist weiß.

Aus Pippi Langstrumpf („Pippi auf der Walze")

SCHLUSSWORT

„Ihr sollt keine Reichtümer anhäufen in diesem Leben.
Sorget nicht um den nächsten Tag.
Denn der morgige Tag sorgt um das seine",

sagte Jesus.

Anders leben heißt das Ziel!
Früher, als ich noch als materieller Sklave in der Matrix der Leistungsgesellschaft, des Geldes und des sinnlosen Konsums lebte, fühlte ich mich leer, war ausgebrannt, ängstlich, depressiv und alles in allem unglücklich.

Seitdem ich mit weniger Geld lebe und mit dem zufrieden bin, was ich habe, empfinde ich innerlich eine Fülle und vor allem, was vielen andern Menschen fehlt:

Ich erlebe meine Freiheit. Ich bin frei!
Wir produzieren eh schon viel zu viel von allem und je mehr wir produzieren, desto mehr verschwenden wir. Dies alles auf Kosten der Rohstoffe, der Gesundheit und der Umwelt. Wir müssen endlich wieder umkehren und Schluss machen mit einer falschen Arbeitsmoral, die die Menschen immer mehr sinnlos versklavt. Aus der Liebe des Menschen zum Geld wurde ein Gott erschaffen: Der Gott Mammon, und aus diesem Gott heraus entstand noch ein zweiter Gott. Nämlich der Gott der Arbeit. Diesen Götzen scheint unsere Gesellschaft alles an Lebensqualität opfern zu wollen. Die ausbeuterische Leistungsgesellschaft, die eng mit dem brutalen Gewinner-Verlierer-Spiel des Kapitalismus zusammenhängt, beutet den Menschen, die

Tiere und die Rohstoffe der Erde aus, schadet der Gesundheit und der Umwelt. Ich verweise hier auch auf die Erkenntnisse von Prof. Niko Paech, Professor im Bereich der Pluralen Ökonomik, Buch: Befreiung vom Überfluss: Auf dem Weg in die Postwachstumsökonomie.

Wir Menschen produzieren uns den Planeten Erde zu Tode.

Die Psychiatrien werden immer voller. Immer mehr Menschen nehmen leistungssteigernde Medikamente und Beruhigungsmittel, um mit dem Stress in der Arbeit zu Recht zu kommen.

Daher darf Arbeit nicht zur Religion verklärt werden, sondern muss wieder als das angesehen werden, was sie ist: Im besten Fall ein notwendiges Übel, das zum eigenen Wohl und dem Wohl der Allgemeinheit so gering wie nur möglich gehalten werden muss. Die Faulheit ist ein wertvolles Kulturgut des freien Menschen, das wir uns nicht nehmen lassen dürfen.

... Darum müssen wir uns vom Konsumwahn möglichst unabhängig machen ...

... Deswegen ist Widerstand der richtige Weg gegen diese Tyrannei der Leistungsgesellschaft ...

Die Zusammenfassung ist auch verwendbar als Antwort auf die Frage:

Auf die Frage: „Warum gehen Sie nicht arbeiten?"

Ich arbeite nicht mehr oder nur sehr wenig, weil:

Ich nicht mehr bereit bin, mit meiner Hände Arbeit die „Faulheit" bzw. die „Fäulnisdekadenz" des „raffenden Kapitals" (Banken, Staat, Arbeitgeber Versicherungen) zu unterstützen und deren Macht zu vergrößern; da das raffende Kapital das schaffende Kapital (fleißiger Arbeiter) seit jeher in parasitärer Funktion ausgenutzt hat. Arbeit dient und unterstützt die kapitalistische Ausbeutung am Menschen, an den Rohstoffen der Erde und der Natur.

Nicht zu vergessen sind auch die Kriege um Öl, in letzter Konsequenz und Perversität der kapitalistischen Weltausschöpfung! Durch Arbeit werde ich gezwungen, in schädlicher Weise mit meinen Mitmenschen zu konkurrieren (Konkurrenzkampf), was meinem Seelenheil schadet und meinem Harmoniebedürfnis entgegensteht. Arbeit schadet der Gesundheit und verhindert ein freies, selbstbestimmtes Leben.

„Was aber, wenn es jeder so macht (nicht arbeiten) bzw. denken würde?"
Der Punkt ist: Es denkt aber nicht jeder so. Denn es wird immer Menschen geben, die dem schnellen Geld hinterherjagen. Würden es aber mehr Menschen so machen wie ich, dann müssten die Arbeitgeber die Arbeitsbedingungen wieder menschlicher gestalten und fairer bezahlen. Denn wie sonst wollen Arbeitgeber noch Leute bekommen? Und zudem: die Umwelt wäre gerettet!

In Utrecht wird zurzeit das **Bedingungslose Grundeinkommen (BGE)** für Bedürftige getestet. Die Niederlande sind aber nicht die ersten, die ein Bedingungsloses Grundeinkommen testen. Das berühmteste Experiment gab es zwischen 1974 und 1979 in der kanadischen Stadt Dauphin. Das Ergebnis: Die Armutsrate der Stadt fiel, Menschen wurden zudem seltener krank und mussten weniger wegen psychischen Problemen behandelt werden –, was das Gesundheitssystem sehr entlastete.

Zwar sank ebenfalls die Zahl der geleisteten Arbeitsstunden, aber das betraf am stärksten junge Männer, die das Grundeinkommen für Studium oder Weiterbildung nutzten, oder junge Mütter, die sich stärker um ihre Kinder kümmerten als zuvor. Somit ist eins sicher: Durch ein BGE bricht sicher nicht die Wirtschaft zusammen und wir landen auch nicht in der Steinzeit.

So ... kein Bock mehr zum Schreiben. Das war's.

Die Texte in Wikipedia
stehen sämtlich unter freien Lizenzen.
Die Lizenzbestimmungen
(*https://de.wikipedia.org/wiki/Wikipedia:Lizenzbestimmungen*)
der deutschsprachigen Wikipedia weisen aus,
dass alle Texte unter einer Creative Commons Lizenz stehen;
genauer unter der Lizenz CC-BY-SA 3.0
(*https://creativecommons.org/licenses/by-sa/3.0/legalcode*)

Wikipedia: Lizenzbestimmungen
Abkürzung: WP:LB

Gemäß den Nutzungsbedingungen der Wikimedia Foundation
(dt. Übersetzung) unterstehen alle Texte in der deutschsprachigen Wikipedia der Creative-Commons-Lizenz Namensnen-
nung – Weitergabe unter gleichen Bedingungen 3.0 (unported)
sowie aus Kompatibilitätsgründen weiterhin auch der GFDL
(siehe Wikipedia: Lizenzbestimmungen/alt GFDL).

Weiternutzer dürfen aus den genannten Lizenzen eine wählen,
unter der sie Wikipedia-Text weiterverwenden. Diese Lizenzen
gestatten auch die kommerzielle Nutzung, solange sie mit den
Lizenzbestimmungen in Einklang steht.

Für Mediendateien (z. B. Bilder, Videos, Tonaufnahmen) können abweichende Lizenzbestimmungen gelten. Diese sind auf
der jeweiligen Beschreibungsseite zu finden.

**Jeder hat das Recht, seine Meinung in Wort, Schrift und
Bild frei zu äußern und zu verbreiten und sich aus allgemein zugänglichen Quellen ungehindert zu unterrich-
ten. (Artikel 5 GG)**

DER/DIE AUTOR/IN

(Jürgen-Trans) Julia Braun ist sehr belesen, recherchierte für dieses Buch aus unabhängigen Quellen wie z. B. Wikipedia, setzte zudem als Wahrheitsbeweis ihrer Thesen Zeitungsartikel aus der Südwestpresse und Günzburger Zeitung ein und schilderte die Sichtweise des „kleinen Mannes". Die selbsternannte Apostelin des Müßiggangs und „Jobdeserteurin" mit christlichen Wurzeln ist spirituell, religiös und beschäftigt sich mit verschiedenen philosophischen Systemen und Weltanschauungen. Widerstandskämpferin

(Jürgen-) Julia Braun arbeitete mit Unterbrechungen, über 9 Jahre in diversen Zeitarbeitsfirmen und war zeitweise auch Hartz IV-Empfängerin. Der Autorin, die, wie einige vor ihr, schon viele Arbeitsstellen erlebt und durchleiden musste, schildert aus eigener Erfahrung und berichtet von wahren Begebenheiten.

Update: Der/die Autor/in bekennt sich seit neuerer Zeit zu seiner/ihrer Transsexualität! Daher der Name Julia.

YouTube Kanal: „Spirituelle Anarchistin Trans Julia"
Facebook: „Julia Braun"
Skype: „Spirituelle Anarchistin Julia"

„Wer arbeitet ist
nur zu faul zum Denken!"

(Jürgen-) Julia Braun

Die Autorin

(Jürgen-) Julia Braun wurde 1976 in Ichenhausen
im Landkreis Günzburg geboren. Nach dem Haupt-
schulabschluss absolvierte sie von 1994 bis 2000
eine Metallbaulehre, 2001 erfolgte die Weiterbildung zur CNC-Fräserin. Die Autorin arbeitete mit
Unterbrechungen über neun Jahre in Zeitarbeitsfirmen und war zeitweise auch Hartz IV-Empfängerin. Während dieser Zeit machte sie – wie viele andere vor ihr – immer wieder negative Erfahrungen
im Arbeitsleben und hat sich jetzt entschlossen,
ihre Erfahrungen zu veröffentlichen und Vorschlä-
ge für eine alternative Lebensweise zu machen.
Die Autorin bekennt sich seit neuerer Zeit zu ihrer
Transsexualität, bezeichnet sich selbst als „Apostel
des Müßiggangs" und „Jobdeserteurin" und lebt
als freie Autorin in Ulm.

Der Verlag

*Wer aufhört
besser zu werden,
hat aufgehört
gut zu sein!*

Basierend auf diesem Motto ist es dem novum Verlag
ein Anliegen, neue Manuskripte aufzuspüren, zu veröffentlichen und deren Autoren langfristig zu fördern.
Mittlerweile gilt der 1997 gegründete und mehrfach
prämierte Verlag als Spezialist für Neuautoren in
Deutschland, Österreich und der Schweiz.

**Für jedes neue Manuskript wird innerhalb we-
niger Wochen eine kostenfreie, unverbindliche
Lektorats-Prüfung erstellt.**

Weitere Informationen zum Verlag und
seinen Büchern finden Sie im Internet unter:

www.novumverlag.com

Zeitfracht Medien GmbH
Ferdinand-Jühlke-Straße 7
99095 Erfurt, Deutschland
produktsicherheit@kolibri360.de